国家职业技能等级评价教材

互联网营销师

（初级工/五级）

中国轻工企业投资发展协会　编著

主　编　刘丽彬
副主编　王鸿翔　丁其元
参　编　彭南兵　王文军　孙　犟　王煦涵　寇　博
　　　　光　景　王高彦　土　芝　简　波

中国轻工业出版社

图书在版编目（CIP）数据

互联网营销师：初级工 / 五级 / 中国轻工企业投资发展协会编著. —北京：中国轻工业出版社，2025.6

国家职业技能等级评价教材

ISBN 978-7-5184-3937-9

Ⅰ. ①互… Ⅱ. ①中… Ⅲ. ①网络营销—职业技能—鉴定—教材 Ⅳ. ①F713.365.2

中国版本图书馆CIP数据核字（2022）第055107号

责任编辑：张文佳　　李金慧　　责任终审：李建华

设计制作：锋尚设计　　　　　　责任校对：宋绿叶　　责任监印：张　可

出版发行：中国轻工业出版社（北京鲁谷东街5号，邮编：100040）

印　　刷：三河市国英印务有限公司

经　　销：各地新华书店

版　　次：2025年6月第1版第4次印刷

开　　本：787×1092　1/16　印张：11.25

字　　数：300千字

书　　号：ISBN 978-7-5184-3937-9　定价：48.00元

邮购电话：010-85119873

发行电话：010-85119832　010-85119912

网　　址：http://www.chlip.com.cn

Email：club@chlip.com.cn

251022J4C104ZBQ

教材编审委员会

互联网营销师国家职业技能等级评价教材

总　序

为加快建立劳动者终身职业技能培训制度，大力贯彻落实职业技能提升行动，推进行业技能人才评价制度改革，进一步规范行业培训管理，提高培训质量，依据中国就业培训技术指导中心《关于印发国家职业技能标准制定工作计划的通知》（中就培函〔2020〕24号）、中国轻工业联合会《关于落实〈国家职业技能标准制定工作计划（2020—2022年）〉的通知》（中轻联工艺发〔2020年〕1号）等文件的要求，中国轻工企业投资发展协会在组织有关专家主笔制定《互联网营销师国家职业技能标准（2021年版）》（以下简称《标准》）工作的基础上，同步编写了《互联网营销师国家职业技能等级评价教材》（以下简称《等级教材》）。

互联网营销师等级教材对照《标准》编写，内容上突出职业能力优先的编写原则，结构上按照职业功能模块分级编写。该等级教材共包括《互联网营销师（通用知识）》《互联网营销师（初级工/五级）》《互联网营销师（中级工/四级）》《互联网营销师（高级工/三级）》《互联网营销师（技师/二级）（高级技师/一级）》，共5本。《互联网营销师（通用知识）》是各级别互联网营销师均需掌握的基础知识，其他各级别教材内容为各级别互联网营销师应掌握的本级别理论知识和操作技能。

本教材是互联网营销师等级评价教材中的一本，是职业技能等级评价推荐教材，也是职业技能等级评价题库开发的重要依据，适用于互联网营销师职业技能等级评价培训和中短期职业技能培训。

互联网营销师等级教材在编写过程中得到了中国轻工业联合会的指

导，以及中国轻工业联合会轻工业职业能力评价中心、大国匠心（北京）科技有限公司、匠心引力（北京）科技有限公司、中国新高教集团有限公司、云南工商学院、贵州工商职业学院、洛阳科技职业学院、北京零度创意文化中心、北京豌豆尖文化科技有限责任公司、北京开拓明天科技股份有限公司、长沙三赞文化传媒有限公司、中思智数教育科技有限公司、成都锦城学院直播商学院、快手金视商商学院、杭州鲲鹏宇翅文化传媒有限公司、深圳市玺承文化传播有限公司、深圳市大鹅科技有限公司、北京领训教育咨询有限公司等单位的大力支持与协助，在此一并表示衷心感谢。

中国轻工企业投资发展协会

2022年3月15日

前　言

互联网技术的高速发展与全面普及，为短视频直播电商的发展培育了肥沃的土壤，不管是明星、名人、网红，还是普通人，都纷纷入局，想要在这个赛道里面分一杯羹。尤其是名不见经传的那些素人们，从没有像现在这样，他们觉得自己能跟所有人站在同一起跑线上去竞争，于是全民短视频、人人可直播的时代来了，大家成了短视频的生产者和消费者，成了直播间的观众和主角。

然而，随着2021年4月抖音“兴趣电商”模型提出后，品牌店播场次迅速增长，行业暴露出来的除了偷漏税、虚假宣传的乱象，更为普遍的是直播能力的不足：无法搭建与产品匹配的直播营销场景，无法建立直播的标准化流程，无法稳定与提升直播间的流量及有效转化，运营、主播等关键岗位人员在知识、技能、素养方面无法同步提升，最终导致的结果就是直播无法稳定持续地产出，团队人员也没有培养出来。

出现这些问题的根本，是行业发展太快与人才培养滞后的矛盾引起的。以往一个行业从形成到成长再到成熟期，至少需要5～10年的时间；可现如今短视频行业只用了不到3年就到了巅峰期，明显沉淀不够。诚然，现在行业的发展比以前快了许多，但我们会发现，到目前为止很多短视频博主对于自己的内容并没有规划，想到什么就拍什么；很多主播，拿个手机站在路边就开始直播了。

不管是企业还是个人，愿意投入到短视频行业，有很大原因是目前行业渐趋成熟，相比其他行业红利更大门槛更低，确定的投入可能带来确定的产出，但我们冷静思考一下：目前行业的从业者大多不是科班出身的，没有营销知识的基础，没有产品把控能力与供应链整合能力，从没有做成一个爆款视频的经历，做数据复盘时需要从哪些维度去开展毫无头绪，直播间如何留住人卖出去产品缺乏方法，不知道如何通过一条短视频就能带货，短视频团队成员之间分工不清配合不力，这些都是亟待解决的难题。

新消费新业态催生“新职业”，为了促进电商直播产业良性健康发展，保护消费者权益。2020年7月，人力资源社会保障部联合市场监管总局、国家统计局正式发布“互联网营销师”新职业，明确了职业的主要工作任务是搭建数字化营销场景，通过直播或短视频等形式对产品进行多平台营销推广，促进产品从关注到购买的转化率等。这一举措有效推进了我国电商直播行业的规范化、标准化、持久性健康发展，为监管部门提供了可观、可测、可评的行业标准，为行业和从业者提供了指导性意见，为职业培养体系建立了有效参考建议，吸纳了更多优秀营销人才加入该行业，推动了我国职业体系健康发展。

为高效运用互联网营销师新职业助推消费扶贫，助力乡村振兴，拓宽营销路径，弥补职业缺口，中国轻工企业投资发展协会组织行业专家，历时1年时间倾力打造本教材，力争让互联网营销成为产业升级的蓄水池，行业飞跃的助推器。

本次编撰的互联网营销师教材由专业基础知识、专业知识两部分组成，涵盖了直播必备的知识、技能与核心素养。为方便理解吸收，我们在理论模型的基础上，增加了很多在实践过程中具有代表性的案例和行业典型案例。由于互联网营销师职业发展快速，涉及行业和产品广泛，如有不当之处，请提出宝贵意见。

编者

目 录

第一篇
专业基础知识

第 1 章 营销基础知识

知识目标

1. 了解互联网营销的含义、营销的实质，掌握互联网营销策略分析的内容。
2. 了解营销的概念和互联网营销目标，理解传统营销策略，掌握互联网营销的基本职能和互联网营销传播目标。
3. 熟悉市场营销观念的演变与发展、市场营销环境、营销的内容与实现方式，掌握互联网营销策略的模式、互联网营销的常见方法、互联网营销效果评估，了解互联网营销策略的规划与实施、互联网营销效果评估的内容及指标。

技能目标

1. 能够区分传统营销思维和互联网营销思维。
2. 能够应用市场营销组合进行简单的互联网营销策划。

职业素养

1. 培养沟通交际能力，做事灵活应变。
2. 培养团队合作精神。

1.1 营销学常识

1.1.1 营销的概念与理论基础

（1）营销和市场营销的概念

营销是指企业发现或发掘准消费者需求，让消费者了解该产品进而购买该产品的过程。市场营销（Marketing）又称作市场学、市场行销或行销学，是创造、沟通与传送价值给顾客，以及经营顾客关系以便让组织与其利益关系人受益的一种组织功能与程序。

（2）市场

根据杰罗姆·麦卡锡《基础营销学》的定义：市场是指一群具有相同需求的潜在顾客；他们愿意以某种有价值的东西来换取卖主所提供的商品或服务，这样的商品或服务是满足需求的方式。

市场是商品交换顺利进行的场所，是商品流通领域一切商品交换活动的总和。市场体系是由各类专业市场，如商品服务市场、金融市场、劳务市场、技术市场、信息市场、房地产市场、文化市场、旅游市场等组成的完整体系。同时，在市场体系中的各专业市场均有其特殊功能，它们互相依存、相互制约，共同作用于社会经济。

随着社会交往的网络虚拟化，市场不一定是真实的场所和地点，当今许多买卖都是通过计算机网络来实现的，中国最大的电子商务网站淘宝网就是提供交换的虚拟市场。

市场起源于古时人类对于固定时段或地点进行交易的场所的称呼，当城市成长并且繁荣起来后，住在城市邻近区域的农夫、工匠、技工们就会开始互相交易并且对城市的经济产生贡献。显而易见，最好的交易方式就是在城市中有一个集中的地方，可以让人们在此提供货物以及买卖服务，方便人们寻找货物以及接洽生意。当一个城市的市场变得庞大而且更开放时，城市的经济活力也相应会增长起来。

市场是以商品交换为基本内容的经济联系方式。在商品经济条件下，交换产生和存在的前提是社会分工和商品生产。由于社会分工，不同的生产者分别从事不同产品的生产，并为满足自身及他人的需要而交换各自的产品，从而使一般劳动产品转化为商品，使产品生产也转化为商品生产。正是在这一条件下，用来交换商品以满足不同生产者需要的市场应运而生。因此，市场是商品经济条件下社会分工和商品交换的产物。市场与商品经济有着不可分割的内在联系。

随着社会分工和市场经济的发展，市场的概念也在不断发展和深化，并在深化过程中体现出不同层次的多重含义，包括：

①市场是指商品交换的场所。

②市场是各种市场主体之间交换关系乃至全部经济关系的总和。

③市场表现为对某种或某类商品的消费需求。

(3)市场营销观念

市场营销观念的演变与发展，可归纳为6种，即生产观念、产品观念、推销观念、市场营销观念、客户观念和社会市场营销观念。

- **生产观念**

20世纪20年代前，企业经营哲学不是从消费者需求出发，而是从企业生产出发。生产观念认为，消费者喜欢那些能够随处买得到而且价格低廉的产品，企业应致力于提高生产效率和分销效率，扩大生产，降低成本以扩展市场，其主要表现是“我生产什么，就卖什么”。生产观念是在卖方市场条件下产生的，是一种重生产、轻市场营销的商业哲学。

“皇帝女儿不愁嫁”在市场经济条件下，用来表示商品、服务的质量和特色，属于典型的生产观念。如果产品不具备以下6个特性，生产出来的产品就很难被消费者所接受：

①产品的独特性。

②产品的不可替代性。

③产品的稀有性。

④产品的专属性。

⑤产品的知名度和美誉度。

⑥顾客的忠诚度以及产品的联想性。

- **产品观念**

产品观念认为，消费者最喜欢高质量、多功能和具有某种特色的产品，企业应致力于生产高质量产品，并不断加以改善。它产生于市场产品供不应求的“卖方市场”形势下。最容易滋生产品观念的场合，莫过于当企业发明一项新产品时。

- **推销观念**

推销观念（或称销售观念）认为，消费者通常表现出一种购买惰性或抗衡心理，如果任其自然发展的话，消费者一般不会足量购买某一企业的产品，因此，企业务必用心推销和大力促销，以刺激消费者超多购买本企业产品。它产生于资本主义国家由“卖方市场”向“买方市场”过渡的阶段，表现为“我卖什么，顾客就买什么”。这种观念虽然比前两种观念前进了一步，开始重视广告术及推销术，但其实质仍然是以生产为中心的。

- **市场营销观念**

市场营销观念是以满足顾客需求为出发点的，即“顾客需要什么，就生产什么”，是适应供过于求的买方市场趋势而转变。市场营销观念认为，实现企业各项目标的关键，在于正确确定目标市场的需要和欲望，并且比竞争者更有效地传送目标市场所期望的物品或服务，进而比竞争者更有效地满足目标市场的需要和欲望。

市场营销观念的出现，使企业经营观念发生了根本性变化，也使市场营销学发生了一次革命。市场营销观念同推销观念相比具有重大的差别。推销观念注重卖方需要；市场营销观念则注重买方需要。推销观念以卖方需要为出发点，思考如何把产品变成现金；而市场营销观念则思考如何通过制造、传送产品以及与最终消费产品有关的所有事物来满足顾客的需要。可见，市场营销观念的4个支柱是：市场中心、顾客导向、协调的市场营销和利润。推销观念的4个支柱是：工厂、产品导向、推销、盈利。从本质上说，市场营销观念是一种以顾客需要和欲望为导向的哲学，是消费者主权论在企业市场营销管理中的体现。

- 客户观念

所谓客户观念，是指企业注重收集每一位客户以往的交易信息、人口统计信息、心理活动信息、媒体习惯信息以及分销偏好信息等，分别为每位客户提供不一样的产品或服务，传播不一样的信息，通过提高客户忠诚度，增加每一位客户的购买量，从而确保企业的利润增长。市场营销观念与之不一样，它增强的是满足一个子市场的需求，而客户观念则强调满足每一个客户的特殊需求。

需要注意的是，客户观念并不适用于所有企业。一对一营销需要以工厂定制化、运营电脑化、沟通网络化为前提条件，因此，贯彻客户观念要求企业在信息收集、数据库建设、电脑软件和硬件购置等方面进行超多投资，而这并不是每一个企业都能够做到的。

- 社会市场营销观念

社会市场营销观念是对市场营销观念的修改和补充。该观念认为，企业的任务是确定各个目标市场的需要、欲望和利益，并以保护或提高消费者和社会福利的方式，比竞争者更有效、更有力地向目标市场提供能够满足其需要、欲望和利益的物品或服务。社会市场营销观念要求市场营销者在制定市场营销政策时，要统筹兼顾三方面的利益，即企业利润、消费者需要的满足和社会利益。

上述6种企业经营观，其产生和存在都有其历史背景和必然性，都是与必需的条件相联系、相适应的。

（4）市场营销环境

企业营销活动与其经营环境密不可分。根据企业对环境因素的可控度，企业营销环境可分为市场宏观环境和市场微观环境。微观环境包括企业、供应者、营销中介、顾客、竞争者和公众。宏观环境包括人口环境、经济环境、自然环境、技术环境、政治环境和文化环境（表1–1）。

表1–1　企业营销环境

微观环境	企业、供应者、营销中介、顾客、竞争者和公众
宏观环境	人口环境、经济环境、自然环境、技术环境、政治环境、文化环境

市场营销也分为宏观和微观两个层次。宏观市场营销反映社会的经济活动，其目的是满足社会需要，实现社会目标，以整个社会经济系统为出发点和基础来研究市场营销。研究重点在于产品和服务如何能最为经济地从生产领域进入消费领域，并使社会的供应和需求达到有效的平衡，其涉及如何建立一种使资源和产品在社会组织和个人中得以合理分配的经济体系。宏观市场营销要求通过买卖功能、储运功能、规范功能、金融功能、风险承担功能以及市场信息功能的发挥，创造出产品的形态效用（服务效用）、时间效用、空间效用和持有效

用，以满足社会和个人在各种时间和地点所产生的各种需要，并促使整个社会经济系统得以正常运行。

微观市场营销是企业的一种经济活动过程，它是根据目标顾客的要求，生产适销对路的产品，从生产者流转到目标顾客，其目的在于满足目标顾客的需要，实现企业的目标，具体表现为如何在适当的时间（Right Time），适当的地点（Right Place），以适当的价格（Right Price）和适当的方式（Right Pattern），将适当的产品（Right Product），销售给适当的顾客（Right Customer）的“6R模式”。一般情况下，微观市场营销是人们研究的重点，宏观市场营销常常是作为微观营销的环境因素来加以研究的。

1.1.2 营销的内容与实现方式

（1）营销的基本内容

市场营销是以消费者需要为中心，长期地、综合地、动态地谋求企业持续发展的经营活动，是以市场调查、营销环境分析为基础，以经营战略为指针，从制定市场营销目标到市场营销管理的完整体系。

市场营销的核心内容可以概括为STP（市场细分）营销，即市场细分（Segmentation）、选择适当的市场目标（Targeting）和定位（Positioning）。由于消费者需求差异的客观存在，因此可以说，任何一个企业也无法满足一个广阔市场上的所有消费者的需求。所以，研究某些特定市场的特性，根据消费者需求的差异性进行市场细分，选择适宜的特定的消费者群作为企业服务的目标市场，是企业市场营销活动的重要内容。

需要和欲望是市场营销活动的起点。需要表现为不足感和欠缺感，欲望是指想得到需要的具体满足的愿望。需求是指有购买力支持的对某个具体产品的购买欲望。

（2）营销的实现方式

①明确经营战略。各个战略经营的市场部门，必须分析解读部门的基本战略和目标，把对市场营销管理的具体要求和各种约束，作为发展各自市场营销计划的导向。

②战略性市场营销决策。进行细分市场、目标市场选择和产品定位。

③战术性市场营销决策。以顾客需要为出发点，进行市场营销组合，并合理安排市场营销经费预算。

④制订市场营销计划。各个经营单位需要分别为自己的产品（服务）、产品线、品牌、细分市场和区域市场甚至顾客等制订市场营销计划。

⑤实施与控制市场营销活动。将市场营销计划转变为市场营销行动，并对市场营销活动的进程和各个方面进行控制和市场营销审核，以保证达成预定的市场营销目标。

（3）传统营销策略

传统营销策略是企业以顾客需要为出发点，根据经验获得顾客需求量以及购买力的信息、商业界的期望值，有计划地组织各项经营活动，通过相互协调一致的产品策略、价格策略、渠道策略和促销策略，为顾客提供满意的商品和服务而实现企业目标的过程（表1–2）。

表1-2　传统营销策略内容

4P's营销策略组合	6P's营销策略组合
产品（Product）	产品（Product）
定价（Price）	定价（Price）
渠道（Place）	渠道（Place）
促销（Promotion）	促销（Promotion）
	权力（Power）
	公共关系（Public Relations）

- 4P's营销策略组合

1960年，美国市场营销专家麦卡锡（E. J. Macarthy）教授在人们营销实践的基础上，提出了著名的4P营销策略组合理论，即产品（Product）、定价（Price）、渠道（Place）、促销（Promotion）。"4P's"是营销策略组合的简称，为企业实现营销目标提供了最优手段，即最佳综合性营销活动，也称整体市场营销。

①产品策略主要研究新产品开发，产品生命周期，品牌策略等，是价格策略、促销策略和分销策略的基础。

②价格策略又称定价策略，主要目标有4点：维持生存、利润最大化、市场占有率最大化、产品质量最优化。

③促销策略的主要目的是：传递信息，强化认知，突出特点，诱导需求，指导消费者，扩大销售，滋生偏爱，稳定销售。

④渠道策略，是指为了达到产品分销目的而起用的销售管道。

- 6P's营销策略组合

20世纪80年代以来，世界经济发展滞缓，市场竞争日益激烈，政治和社会因素对市场营销的影响和制约越来越大。1986年美国市场营销专家菲利浦·科特勒教授提出了大市场营销策略，在原4P组合的基础上增加两个P，即权力（Power）和公共关系（Public Relations），简称6P's。

1.2 互联网营销的含义和分类

1.2.1 互联网营销的含义

互联网营销也称为网上营销、网络营销、在线营销、网络行销等，是以国际互联网络为基础，利用数字化的信息和网络媒体的交互性来实现营销目标的一种新型的市场营销方式。

笼统地说，互联网营销就是以互联网为主要手段开展的营销活动。

如何定义互联网营销并不是最重要的，关键是要理解互联网营销的真正意义和目的，也就是充分认识互联网这种新的营销环境，利用各种互联网工具为企业营销活动提供有效的支持，所以互联网营销研究必须重视互联网营销实用方法。

狭义的互联网营销是指组织或个人基于开放便捷的互联网络，对产品、服务所做的一系列经营活动，从而达到满足组织或个人需求的全过程。

1.2.2 互联网营销的特点

互联网营销的特点，从概念开始，时刻在添加着新的内容，可以从基础、延伸两方面来阐述。互联网营销基础特点指的是从网络和营销本身的特性出发整理出来的相关特性，包括以下几个方面。

（1）资源共享性

在如今的网络环境下，大多数资源都能够共享，例如关键词权重、推广渠道、流量等。所有企业在策划活动之初，只要在相关方向上投入“足够”的资源，就都有能力享用这些所谓的“网络共享资源”。

（2）广泛传播性

互联网营销活动对应的群众是所有“有网”受众。如，2019年国庆节尚未到来之际，微信推出的“给我一面国旗”活动就刷爆了朋友圈。此后，很多人的微信头像都多了个小国旗头像框。简单的活动却让所有人的朋友圈形成了剧烈的躁动。

（3）信息留存长效性

在没有网络的时代，信息被覆盖的频率非常高，很多事情发生之后，可以被再次利用的机会少之又少，这些事情所能取得的效果也相当有限。但在网络环境下，由于信息检索的存在，企业通过做出某些代表性事件或者取得某种成就之后，往往可以长久地从中获得收益。如2008年广州王老吉药业股份有限公司“豪掷一亿元”援助汶川灾区的故事，至今依旧被人们津津乐道，广州王老吉药业股份有限公司从中的获益也至今未停。利用数据的长效性，企业可以在后续的营销推广中，利用检索“关键词”，大做文章。

（4）资源整合性

互联网营销离不开相关的推广渠道，推广渠道想要获得功效，就需要不断被人们打上清晰的“价值标签”。这些“价值标签”就是网络资源整合特性的具体形式。

如类似于提问形式的“知乎”，逐渐成为网友寻找问题解决方案的首选平台。一句“有问题，上知乎”也逐渐被大众认可。

本来庞大且无属性的网友，在资源共享和留存时间长特性的作用下，逐渐被各类不同功能的网络平台分化、整合，网友逐渐形成了“物以类聚、人以群分”的特性。

（5）信息实时交互性（实时性）

由于互联网能够超越时间约束和空间限制进行信息交换，使得营销脱离时空限制进行交易变成可能，企业有了更多的时间和更大的空间进行营销。在互联网营销的基础上，营销策略从制定到实施，再到实施过程中的细节调控，企业都可以做到根据群众所表达的相关内容进行对应的调整。

如果某些类型的营销效果好，企业便可以通过群众实时反馈，在一定程度上延长原有活动时间。如部分商家会利用“双十一”活动大促的热度，适当将大促活动进行另样延伸，具体展现出来的活动形式如“双十一返场”“大促加倍”等。

（6）清晰目的性

所有的网络活动开展或营销策略的实施，企业的根本目的都是为了营销，这与传统的营销形式并没有太大差距，但表现形式却存在很大差异。

互联网营销的目的虽然是为了获得转化，但在获得转化的过程中，却存在较为明显的差异。如文章阅读量、信息转载量、内容评论数与好评率等，只要其中任何一项企业能够获得成功，那么这场互联网营销便可以称为成功。或许短时间内，这类营销效果并没有转化成具体的收益，但却依旧被称为实现了营销目的。

当然，从其基础特性上进行挖掘，互联网营销还有一些延伸特点，可以为企业带来更加有效的营销效果，包括：

①强关联性。

暴雨与品牌“杜蕾斯”之间，其实并没有什么关联。但通过“戴套”的鞋子，直接让两者之间产生了紧密的联系。因此，在互联网营销中，只要拥有足够的创意，万物皆可自然而然地产生关联。

②聚焦性。

在群众注意力匮乏的年代，获得高度关注并非是件很容易的事。从杜蕾斯营销事件中可以发现，人们大范围关注杜蕾斯，中间貌似没有进行太多的操作。

③惯性（自传播性）。

在互联网营销中，很多信息在经过前期推广预热之后，很容易进行二次传播。

④爆发性。

“有杜蕾斯回家不湿脚”，从不为人知到千万人知晓，仅用了20分钟左右的时间。短短20分钟之后，杜蕾斯已经成为新浪微博一小时热门榜第一名，并在当晚24点被转发近6000条，成为当日全站转发第一名，其爆发力，一目了然。

1.2.3 互联网营销的基本职能

（1）网络品牌建设

网络品牌建设是以企业网站建设为基础，通过一系列的推广措施，达到顾客和公众对企业的认知和认可。从一定程度上说，网络品牌的价值甚至高于通过网络获得的直接收益。

（2）信息发布

网站是一种信息载体，通过网站发布信息是互联网营销的主要方法之一。

（3）销售促进

大部分互联网营销方法都与直接或间接促进销售有关，但促进销售并不限于促进网上销售，还可以有后续咨询、跟踪等后期服务。

（4）顾客服务

互联网提供了更加方便的在线顾客服务手段，包括从形式最简单的常见问题解答，到电子邮件、邮件列表，以及在线论坛和各种即时信息服务等。

（5）顾客关系

顾客关系是与顾客服务相伴而产生的一种结果，良好的顾客服务才能带来稳固的顾客关系。

（6）网上调研

通过在线调查表或者电子邮件等方式可以完成网上市场调研。

1.2.4 互联网营销的常见方法

随着互联网的发展，营销方法总是在不断丰富。目前大体上有如下15种方法。

（1）搜索引擎营销

搜索引擎营销是目前主要的网站推广营销手段之一，尤其基于自然搜索结果的搜索引擎推广，由于是免费的，受到众多中小网站重视，搜索引擎营销方法也成为互联网营销方法体系的主要组成部分。

搜索引擎营销主要方法包括：竞价排名、分类目录登录、搜索引擎登录、付费搜索引擎广告、关键词广告、搜索引擎优化、地址栏搜索、网站链接策略等。

（2）即时通信营销

即时通信营销又称为IM营销，是企业通过即时工具帮助企业推广产品和品牌的一种手段。

常用的主要有两种情况：

第一种是网络在线交流。企业建立了网店或者客户登录企业网站时一般都会有即时通信在线，这样潜在的客户如果对产品或者服务感兴趣自然会主动和在线的商家联系。

第二种是广告。企业可以通过IM营销工具，发布一些产品信息、促销信息，或者可以通过图片发布一些网友喜闻乐见的表情，同时加上企业要宣传的标志。

（3）病毒式营销

病毒式营销常用于进行网站推广、品牌推广等，利用的是用户口碑传播的原理。在互联网上，这种“口碑传播”更为方便，可以像病毒一样迅速蔓延，因此病毒式营销成为一种高效的信息传播方式，而且，由于这种传播是用户之间自发进行的，因此几乎是不需要费用的互联网营销手段。

（4）BBS营销

BBS（电子公告板）营销又称网络论坛营销，就是利用网络论坛这种交流平台，通过文字、图片、视频等方式传播企业品牌、产品和服务的信息，从而让目标客户更加深刻地了解企业的产品和服务，最终达到宣传企业品牌、产品和服务的效果、加深市场认知度的互联网营销活动。

（5）博客营销

博客营销是通过博客网站或博客论坛接触博客作者和浏览者，利用博客作者个人的知识、兴趣和生活体验等传播商品信息的营销活动。

博客营销本质在于通过原创专业化内容进行知识分享，争夺话语权，建立起个人品牌，树立自己“意见领袖”的身份，进而影响读者和消费者的思维和购买行为。

（6）聊天群组营销

聊天群组营销是即时通信工具的延伸，具体是利用各种即时聊天软件中的群功能展开的营销，目前的群有微信群、QQ群、抖音粉丝群等。

聊天群组营销时使用即时通信工具具有成本低、即时效果和互动效果强的特点，广为企业采用。这是通过发布一些文字、图片等方式传播企业品牌、产品和服务的信息，从而让目标客户更加深刻地了解企业的产品和服务，最终达到宣传企业品牌、产品和服务的效果，加深市场认知度的互联网营销活动。

（7）网络知识性营销

网络知识性营销是利用百度的“百度知道”“百度百科”或企业网站自建的疑问解答板块等平台，通过与用户之间提问与解答的方式来传播企业品牌、产品和服务的信息。

网络知识性营销主要是因为扩展了用户的知识层面，让用户体验企业和个人的专业技术水平和高质量服务，从而对企业和个人产生信赖和认可，最终达到了传播企业品牌、产品和服务的信息。

（8）网络事件营销

网络事件营销是企业、组织主要以网络为传播平台，通过精心策划、实施可以让公众直接参与并享受乐趣的事件，并通过这样的事件达到吸引或转移公众注意力，改善、增进与公众的关系，塑造企业、组织良好的形象，以谋求企业的更大营销效果的营销传播活动。

（9）网络口碑营销

网络口碑营销是把传统的口碑营销与网络技术有机结合起来的新的营销方式，是应用互联网互动和便利的特点，在互联网上通过消费者或企业销售人员以文字、图片、视频等口碑信息与目标客户之间进行的互动沟通，两者对企业的品牌、产品、服务等相关信息进行讨论，从而加深目标客户的影响和印象，最终达到互联网营销的目的。

（10）网络直复营销

网络直复营销是指生产厂家通过网络，直接发展分销渠道或直接面对终端消费者销售产品的营销方式，如B2C、B2B等。

网络直复营销是通过把传统的直销行为和网络有机结合，从而演变成为一种全新的、颠覆性的营销模式。很多中小企业因为分销成本过大和自身实力太小等原因，纷纷采用网络直复营销，想通过其成本小、收入大等特点，达到以小博大的目的。

（11）网络视频营销

网络视频营销指的是企业将各种视频短片以各种形式放到互联网上，达到宣传企业品牌、产品以及服务信息的目的的营销手段。

网络视频广告的形式类似于电视视频短片，它具有电视短片的种种特征，如感染力强、形式内容多样、肆意创意等，又具有互联网营销的优势，如互动性、主动传播性、传播速度快、成本低廉等。可以说，网络视频营销是将电视广告与互联网营销两者“宠爱”集于一身。

（12）网络图片营销

网络图片营销就是企业把设计好的有创意的图片，在各大论坛、空间、博客和即时聊天工具上进行传播或通过搜索引擎的自动抓取，最终达到传播企业品牌、产品、服务等信息来达到营销的目的。

（13）网络软文营销

网络软文营销，又称网络新闻营销，通过网络上门户网站、地方或行业网站等平台传播一些具有阐述性、新闻性和宣传性的文章，包括一些网络新闻通稿、深度报道、案例分析等，把企业、品牌、人物、产品、服务、活动项目等相关信息以新闻报道的方式，及时、全面、有效、经济地向社会公众广泛传播的新型营销方式。

（14）RSS营销

RSS（简易信息聚合）营销，又称网络电子订阅杂志营销，是指利用RSS这一互联网工具传递营销信息的互联网营销模式，RSS营销的特点决定了其比其他邮件列表营销具有更多的优势，是对邮件列表的替代和补充。使用RSS的以行业内人士居多，如研发人员、财经人员、企业管理人员会在一些专业性很强的科技型、财经型、管理型等专业性的网站，用邮件形式订阅杂志和日志信息，而达到了解行业新的信息需求。

（15）SNS营销

SNS全称Social Networking Services，即社会性网络服务，这些网站旨在帮助人们建立社会性网络的互联网应用服务。SNS营销是随着网络社区化而兴起的营销方式，SNS已经成为备受广大用户欢迎的一种网络交际模式。

1.3 互联网营销传播特点

营销传播（Marketing Communication）是使用广泛的营销策略之一，其核心目的是为了劝说（Persuasion）。劝说消费者改变态度、信念或行为，设计具有说服力的传播方式是劝说策略的中心。

1.3.1 确定传播目标

企业的互联网营销任务确定以后，还要将这些任务具体化为互联网营销各部门、各环节的目标，最终形成一套完整的目标体系，使互联网营销各作业环节都有自己明确的目标，并负起实现这些目标的责任。

目标是企业预期要达到的结果，同时也是评价其业绩优劣的标准。一般来说，互联网营销目标有以下几种类型：

一是销售型互联网营销目标，是指企业为拓宽网络销售，借助网上的交互性、直接性、实时性和全球性为顾客提供方便快捷的网上销售点。许多传统的零售店都在网上设立销售点，如北京图书大厦的网上销售点。

二是服务型互联网营销目标，主要为顾客提供网上联机服务，顾客通过网上服务人员可以远距离进行咨询和售后服务。大部分信息技术型公司都建立了此类站点。

三是品牌型互联网营销目标，主要是在网上建立自己的品牌形象，加强与顾客的直接联系和沟通，建立顾客的品牌忠诚度，为企业的后续发展打下基础并配合企业现行营销目标的实现。大部分站点属于此类型。

四是提升型互联网营销目标，主要是通过互联网营销替代传统营销手段，全面降低营销费用，改进营销效率，改善营销管理和提高企业竞争力。Dell、Amazon、Haier等站点属于此类型。

1.3.2 互联网营销效果评估

互联网营销是一个长期过程，其中既有连续的、长期的推广活动，如网站上的信息发布、在线服务、搜索引擎、邮件列表等，也有临时、短期的手段，如网络广告、网上调查、在线优惠券等，每一种互联网营销方法都有具体的评价方法，如网络广告的效果评价方法、E-mail营销的效果评价方法等。互联网营销整体效果是通过各种方法综合作用所产生的，整体效果如何，是否实现了互联网营销计划的目标，除了对各种具体方法所进行的评估之外，还需要通过对互联网营销效果进行综合评价来检验。互联网营销效果综合评价是对一个时期互联网营销活动的总结，也为制定下一阶段互联网营销策略提供依据，同时，通过对网站访问统计数据的分析，还可以提供很多有助于增强互联网营销效果的信息。

与线下营销相比，互联网营销较大的优势之一就是其投入产出都可以相对精确地统计和测量，而大部分线下营销方式很难准确评测营销效果。

广告商们都说，有50%的广告预算浪费了，但却不知道浪费在哪里。进入互联网营销领域，广告商则可以在很大程度上精确测量投入及产出。以报纸及电视广告为例，广告媒介所能提供的只能是报纸发行量和电视节目收视率，但广告真实送达率有多高却无从计算。看报纸的人，大部分会忽略分类广告版。其他版面的广告，能被多少人看到，也无法统计。电视广告也类似。很多人在广告时间调到其他台看有什么节目，或在广告出现时，上厕所、聊天或做其他事。当然并非说电视和报纸广告效果不好，而是说线下广告不能准确测量。至于由电视和报纸广告所带来的销售就更无从测量。线下销售活动也很难对用户进行跟踪监测并相应改善。通常情况下，一个用户去商场逛了半天，如果最后没有购买任何东西，那么商场就可能不知道这个用户来过。如果这个用户买了东西，商场能得到的数字只是销售额和所购买的商品，而对用户什么时候进入商场，浏览了哪些商品也还是一无所知。所以，往往相应聘请市场调查公司针对随机用户进行监测。

而互联网营销则是另外一个场景。用户怎样进入网站？什么时候进入网站？在网站上浏览了哪些页面？在页面上停留了多久？最后购买了哪些产品？购买金额是多少？这些都可以精确统计。就算用户没有购买，他在网站上的活动也都留下了踪迹，可以跟踪分析。

互联网营销效果评测的一般模式，通常分为4步。

（1）确定营销目标

一个网站必须明确定义网站目标。这个目标是单一的，可以测量的。如，如果是直接销售产品的电子商务网站，网站营销目标就是产品销售额。但网站的类型多种多样，很多网站并不直接销售产品。网站运营者就需要根据情况，制定出可测量的网站目标。如果网站是吸引用户订阅电子邮件，然后进行后续销售，那么用户留下E-mail地址，订阅电子杂志，就是网站的目标。网站目标也可能是吸引用户填写联系表格，或者打电话给网站运营者；可能是以某种形式索要免费样品，也可能是下载白皮书或产品目录。这些网站目标都应该在网站页面上有一个明确的目标达成标志。也就是说用户一旦达到访问某个页面，说明已经达成网站目标。对电子商务网站来说，目标完成页面就是付款完成后所显示的感谢页面。电子邮件注册系统，目标完成页面就是用户填写姓名及电子邮件，提交表格后所看到的确认页面，或表示感谢的页面。如果是填写在线联系表格，和订阅电子杂志类似，完成目标页面也是提交表格后的确认页面。如果是下载产品目录或白皮书，就是文件每被下载一次，则标志着完成一次目标。

（2）计算网站目标的价值

明确了网站目标后，还要计算出网站目标达成时对网站的价值。如果是电子商务网站，计算非常简单，目标价值即销售产品所产生的利润。如果网站目标是吸引用户订阅电子杂志，就要根据以往统计数字，计算出电子杂志订阅者有多大比例会成为付费用户？这些用户平均带来的利润是多少？假设每100个电子杂志用户中有5个会成为用户，平均每个用户会带来100元利润，那么这100个电子杂志用户将产生500元利润，即每获得一个电子杂志订阅者的价值是5元。类似地，如果网站目标是促使用户打电话直接联系站长，站长就要记录下来，有多少电话会最终转化为销售？平均销售利润又是多少？从而计算出平均每次电话的相应价值。

（3）记录网站目标达成次数

如电子商务网站，每当有用户来到付款确认网页，流量分析系统就会记录，网站目标达成一次。有用户访问到电子杂志订阅确认页面或感谢页面，流量系统也会相应记录网站目标达成一次。有用户打电话联系客服人员，客服人员也应该询问用户，是怎样知道电话号码的。如果是来自网站，也应该做相应记录。

网站流量分析系统不仅能记录下网站目标达成的次数，还能记录这些达成网站目标的用户是怎样来到网站的。是否来自于搜索引擎？来自哪个搜索引擎？搜索的关键词是什么？还是来自于其他网站的链接？来自于哪个网站？是否来自于搜索竞价排名？这些数据都会被网站流量分析系统所记录，并且与产生的相应目标相连接。

（4）计算网站目标达成的成本

在使用竞价排名点击付费广告（PPC）情况下，很容易计算网站目标达成成本。此时每个点击的价格，某一段时间的点击费用总额和点击次数都在竞价排名后台显示，成本非常容易计算。对其他互联网营销手段则需要进行估算。如果网站流量来自于搜索引擎优化，那么需要计算出外部搜索引擎优化（SEO）顾问或服务费用，以及内部配合人员的工资成本。如果是进行网络论坛营销，则需要计算花费的人力、时间及工资水平，换算出所花费的费用，最后计算互联网营销的投资回报率（ROI）。假设网站竞价排名在一天内花费100元，网站目标是直接销售。一天内销售额达到1000元，扣除成本500元，毛利500元，那么这个竞价排名推广的投入产出比就是5。

互联网营销效果评测是为了选择出最有效的互联网营销方式。

流量统计分析的软件一般有两种：

一是在网页中插进一段代码，如Java Script代码，这段代码会自动检测访问信息，并把这个信息写入信息库中。比较著名的是Google Analytic。

二是用软件直接对原始日志文件进行分析。这种软件把日志文件作为输入，直接统计信息。既可以装在服务器上，也可以运行在自己电脑上。最著名的一个流量统计分析工具是Web Trends。

1.3.3 互联网营销效果评估的内容及指标

对互联网营销实施效果的评价，是对企业互联网营销实施成果的总结。互联网营销实施效果是指互联网营销各项职能对企业总体营销战略目标的贡献，所以互联网营销实施效果评价主要是对互联网营销各项职能作用的综合评价。这些评价内容既包含互联网营销实施对企业总体营销战略的贡献，也包括互联网营销实施在具体项目上对过渡性目标的实现程度。要建立一个非常科学的互联网营销效果评价分析，有关数据收集是非常重要的。从实用的角度出发，互联网营销实施效果评价体系主要包括互联网营销整体效果评价指标、营销型网站性能评价指标及网站推广效果评价指标等。

（1）互联网营销整体效果评价指标

互联网营销整体效果评价指标是指互联网营销实施对企业整体营销目标影响的综合评价指标，主要包括销售评价指标、客户满意评价指标和企业品牌提升评价指标。

- **销售评价指标**

销售评价指标是指互联网营销实施对企业产品和服务的销售提高所带来的影响，它是反映互联网营销效果最直接的指标。互联网营销实施对销售带来的影响可以从以下几个方面来衡量。

①客户咨询量指标：客户咨询量反映的是企业通过互联网营销的宣传推广而获取的客户业务咨询的数量。这个指标反映了互联网营销业务宣传职能的贡献，体现了企业的潜在客户通过网络获取信息的重要程度和企业网站宣传推广的最终效果。这是互联网营销效果评价重要的指标之一，也是企业关心的指标之一。

②客户成交数指标：客户成交数指标反映的是通过互联网营销开发成交客户的数量，体现了企业互联网营销的实际影响力和企业网络竞争力。这个指标的基础是客户咨询量指标。

③客户转化率指标：客户转化率指标是指通过互联网营销所获取的客户咨询数量与成交客户数相比较，体现企业的互联网营销竞争优势和客户对网络渠道的偏好。

客户转化率=客户成交数/客户咨询数

④销售额指标：销售额指标是指企业通过互联网营销所获取的销售额数据，这个指标反映了企业互联网营销相对企业其他营销手段的重要程度。互联网营销销售额指标在企业总销售额中的比重越高，就越体现互联网营销的重要性。

⑤利润指标：利润指标是指企业通过互联网营销获取的最终利润的数量。

互联网营销贡献利润=互联网营销总收入–互联网营销总投入

这一指标反映了企业互联网营销低成本扩张的杠杆效应，但在企业互联网营销实施初期，该指标一般会比较低。

- **客户满意评价指标**

客户满意评价指标是指企业互联网营销战略实施对企业客户满意度提升的影响，这一指标反映了互联网营销服务性职能的作用。互联网营销对客户满意度的提升主要表现在企业通过网络向客户提供增值服务和信息支持服务对客户的影响，如电信公司通过网站开设的话费查询等服务，快递公司提供的业务进度查询服务等。但企业互联网营销业务管理得不好也会降低客户满意度，如企业网络信息反馈不及时、查询信息错误或者滞后等情况反而会对企业不利，所以企业一旦开通网络服务，就必须做到最好，不然其效果会适得其反。

● **企业品牌提升评价指标**

企业品牌提升评价指标是指企业通过互联网营销实施对企业品牌知名度和美誉度的提升。品牌知名度的提升来源于企业网站推广，以及与企业相关的事件被网络报道、转载。互联网营销对企业品牌提升的影响情况可以从以下一些数据中体现：

①企业的网站流量和排名，尤其是和实力相当的企业比较。

②企业网站被搜索引擎收录的数量。

③企业品牌名称和热点事件通过搜索引擎所搜索到结果的数量。

（2）营销型网站性能评价指标

企业网站是互联网营销的基础，是互联网营销信息、品牌展示和服务提供的主要渠道，也是客户与企业沟通的重要途径。企业网站和企业的店铺、办事处一样，是互联网营销职能行使的载体。网站的专业性是企业互联网营销产生效果的前提，所以对企业网站的评价是企业互联网营销效果评价与控制的重要部分。

对于网站的专业化评价难以进行定量分析，可以从以下几个方面对网站进行分析。

● **网站内容和功能的评价**

网站内容和功能的评价是对网络专业性评价最重要的部分，主要是分析网站的内容和功能是否完整，以及是否能够实现互联网营销预期的战略目标。具体分析内容包括：

①网站的功能是否完整，是否可以体现互联网营销预期的战略目标。

②网站的内容是否完整，是否可以满足网站访问目标对象的需求。

③网站的功能是否运行正常，是否满足客户和内容管理人员的要求。

④网站的内容和功能是否清晰，主次是否明确。

⑤网站的风格是否能体现企业品牌内涵。

● **网站客户体验评价**

网站客户体验要求网站在设计过程中要充分考虑客户访问的习惯、尊重客户感受、注重网络礼仪，为客户营造一个良好的网站平台。评价的主要内容有：

①网站是否具有良好的信息导航，以方便客户对所喜好信息的访问。

②网站的产品信息是否详尽，产品查找是否方便。

③网站是否采用了弹出式广告等对用户产生骚扰的形式。

④网站是否有详尽的正式域名。

⑤网站是否能及时反馈客户的在线和邮件咨询。

⑥网站的访问速度是否很快。

⑦网站内容更新速度是否很快。

⑧网站是否具有良好的个人隐私保护措施。

⑨网站字体和色彩是否有良好的视觉效果。

● **网站优化评价**

网站优化是指网站是否针对搜索引擎的自然规则而对网站设计进行改善，主要内容有：

①网站结构是否对搜索引擎抓取信息进行了专业的设置。

②网站是否有良好的网站导航。

③网站各个页面是否都有适合的标题和关键字设计。

④网站静态与动态页面设计是否合理。

⑤网站是否有原创性内容，信息更新是否及时。

⑥网站是否有良好的外部链接。

- **网站的可信度评价**

①网站是否明确介绍了企业的基本情况。

②网站是否具有数字安全证书。

③网站是否进行了网站备案。

④网站是否公布了多渠道的顾客咨询方式。

⑤网站的信息是否及时有效。

（3）网站推广效果评价指标

网站推广是企业互联网营销实施中的一个重要项目，是企业互联网营销实施效果的重要保证，所以网站推广效果评价是企业互联网营销评价体系中一个非常重要的部分。

- **流量指标**

流量可以被理解为一个互联网营销平台的受欢迎程度。流量通常还会细化为页面浏览量、独立访问者数量、每个访问者的页面浏览数等统计指标。

用户每一次对互联网营销平台中的每个页面访问均被记录1次，这就是页面浏览量（Page View）指标。用户对同一页面的多次访问，访问量累计。页面浏览量越高，说明互联网营销平台受欢迎程度越高。通过页面浏览分析指标，首先可以了解网页浏览量变化周期。其次，可以用来判断平台访问量的实际增长情况。此外，还可用来分析平台的信息关注程度，为后续的营销推广提供依据。

独立访问者数量（Unique Visitors）指标是互联网营销平台访问者的总体状况，指在一定统计周期内访问互联网营销平台的数量（例如每天、每月），每一个固定的访问者只代表一个唯一的用户，无论他访问这个网站多少次。独立访问者越多，说明网站推广越有效，是互联网营销效果具有说服力的评估指标之一。目前对独立访问者数量的统计，通常是按照访问者的独立IP来计算的。

每个访问者的页面浏览量（Page Views Per User）指标是一个平均数，即在一定时间内全部页面浏览数与所有访问者相除的结果，即一个用户浏览的网页数量。该指标表明了访问者对互联网营销平台内容或者产品信息感兴趣的程度，也就是常说的平台“黏性”。

- **用户行为指标**

用户行为指标主要反映用户是怎么来到互联网营销平台的、在平台上停留了多久、访问了哪些页面等，相关的指标包括：用户来源平台、所使用的搜索引擎和主要关键词、在平台停留的时间、不同时间段的访问量等。可以分析常用的网站推广手段带来的访问量，分析内容包括来源网站（网页）的统一资源定位器（URL）及其占总访问量的百分比、来自各个搜索引擎的访问量百分比、用户检索所使用的各个关键词及其所占百分比、对网站访问量贡献最大的引导网站、对网站访问量贡献最大的搜索引擎、网站在搜索引擎检索中表现最好的核心关键词等。通过对用户行为指标的分析可以为网络推广提供良好基础。

相应地，通过搜索引擎和关键词分析可以获取相关信息，具体指标包括各个搜索引擎重要程度的统计、关键词使用情况的统计、最重要的搜索引擎分析、最重要关键词的分析、分散关键词的分析、搜索引擎带来的访问量占网站总访问量的百分比等。根据这些统计数据，可以初步断定该网站用户使用搜索引擎的一般特征，并可据此改善、优化搜索引擎营销策略。

- **用户信息指标**

用户信息指标主要反映用户所在地理区域和所使用的软硬件等信息，相关的指标包括：所在地理区域分布、所使用的相关设备、浏览器和操作系统等。

如果是微信公众号运营，则又有所区别。微信公众号运营分析包括用户分析、图文分析、菜单分析、消息分析、接口分析和网页分析等子模块。这些子模块收集了微信公众号运营时所有的数据，公众号运营者应该重视这些数据的分析，并将数据有效地应用于互联网营销工作中。

①用户数据。

主要包括用户数量、用户质量和用户画像等指标。

a. 用户数量有关指标。包括静态用户数据和用户增长数据。静态用户数据可以了解的有当前账号共有粉丝数、新关注数、取消关注数以及净增关注数。

用户增长数据主要包含新增人数、取消关注人数、净增人数以及累计人数。这些数据可以比较直观地看出平台用户的增长情况，也直接关系到公众号运营的好坏。而对于某一天的用户增长出现异常时，则应该结合图文数据或者其他运营策略（比如开展活动、付费推广等）来进行分析，找出数据异常的原因。

b. 用户质量相关指标。微信公众号运营中仅关注用户的数量还不够，还应关注用户的质量。具体可以从留存、活跃度等指标来了解。留存顾名思义，是指一段时间后，还有多少用户留了下来。对活跃用户的定义，则取决于企业本身的业务流程和用户行为定位。现在，用户活跃度越来越成为评估公众号是否健康的重要指标之一。

c. 用户画像。在微信公众号运营中，首先要为用户制定标签，即用户属性。标签可分为静态信息和动态信息两种。静态信息主要描述用户属性，比如性别、昵称、关注时间、所在地区、用户语言、关注来源等。微信公众号统计中“用户分析”模块可以帮助运营者了解到已经关注自己公众号用户的属性，包括性别、语言、省份、城市、终端和机型等信息。动态信息主要是用户行为，如发送文字、点击菜单、发送图片、扫描二维码、触发签名验证（JSSDK）等。打好标签之后，就是营销中的实际运用。用户画像可以为公众号内容的设计和运营推广提供很好的依据。

②图文数据。

微信公众号后台针对图文消息的统计提供了两个方面的统计方式，即单篇图文分析和全部图文分析。

a. 单篇图文分析。包括“数据概况”和“详情”，“详情”链接点击后可看到转化率、趋势图、用户分布等统计信息。微信公众号运营中主要的工作是提供图文信息。一个优质的微信公众号不仅能吸引订阅用户长久地关注自己，还能带动用户主动推荐和转发。因此，微信公众号运营中，持续地输出原创且高质量的图文非常重要。转化率主要包括3种：

一是图文转化率，是整个文章总的阅读转化情况，统计的用户包括已关注的粉丝和非关注人群。

二是一次传播转化率，指的是文章在公众号首次推送时送达给关注了该公众号的用户，用户通过会话阅读文章或者分享文章到朋友圈的行为。

三是二次传播转化率，指的是文章被关注用户发到朋友圈后被再次分享的行为。

此外，在统计页面中还会提供每篇文章的阅读次数，转发人数和次数等数据。运营者可以基于这些数据来计算微信运营的一些数据指标，如文章阅读率、转发率、转发拉粉率等。

b. 全部图文分析。全部图文分析有两个时间选择：日报和小时报。“日报”顾名思义就是以“天”为单位进行的数据统计，包括阅读来源、阅读次数趋势图、详细阅读情况表格，因为这些统计的方法和单篇图文是类似的，此处不赘述，重点给大家介绍全部图文分析的“小时报”。

“小时报”就是统计文章在一天内不同时间段被用户阅读的情况。一篇好的文章在最合适的时间推送出去，收到的效果必然比随便选个时间发布要来得好，做公众号的人都应该具备一套文章推送的黄金时间表。图文分析中的“小时报”可以帮忙分析哪些时间的阅读量是最大的。结合图1–1可以得到几个好的时间段，分别是8：00 ~ 9：00、12：00 ~ 13：00、17：00 ~ 18：00。

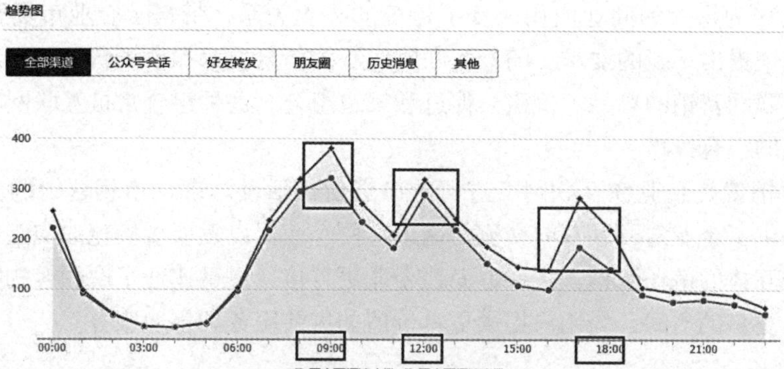

图1–1　图文阅读趋势图

在8：00 ~ 9：00，正处于上班高峰期，用户在等/坐公交车、地铁的过程中，有空闲时间阅读微信公众号的文章。在12：00 ~ 13：00，是中午用餐休息的时间，经过一上午的紧张工作，用户可以通过公众号文章的阅读放松自己。在17：00 ~ 18：00，是下班的高峰期，用户可以利用坐车时间阅读文章。

除了上面提到的，21：00 ~ 22：00这段时间也是阅读的高峰，处于晚饭后，一天中难得的休息放松时间，大多数用户喜欢躺在床上玩手机，浏览一些感兴趣的内容，因此是阅读的另一个好时机。

然而这仅仅作为推送时间的参考，因为每个公众号的内容性质、受众属性千差万别，必须根据每个公众号的实际情况结合着选择发布时间，比方说笑话、小段子可以利用零碎时间发布；一些早报、晨读、夜读等就要固定好时间发布。

③功能数据。

可以将微信公众号统计模块中的“菜单分析”“消息分析”和“接口分析”统称为功能数据。这些功能数据可以帮助运营者进一步了解微信公众号上的菜单、接口等各项功能的使用情况。一方面，通过数据分析，了解用户比较喜欢哪些功能，在常用功能上分配更多资源和关注；另一方面，从时间轴的变化趋势上分析，用以监控单个功能改进或优化的效果，可以帮助分析哪些时间的阅读量是最大的，从而合理安排文章推送的黄金时间表。

另外，网上调研、网上促销和网络广告等互联网营销活动都应该有相应的效果评价指标。由于各项活动的具体环境和目标各不相同，难以有统一的评价方法，在此不做介绍。

1.4 互联网营销策略及主要方法

1.4.1 互联网营销策略分析的内容

以互联网作为媒介的商业应用改变了传统的买卖关系，带来了企业市场营销方式的变革，对市场营销提出了新的要求。随着互联网广泛的信息技术和市场营销相互结合、相互作用，形成了互联网营销的产品、价格、促进和渠道组合。这种组合常被互联网营销人员称之为互联网营销的组合策略。

互联网营销就是企业在互联网上进行的市场营销活动。现代市场营销的主旨是用户导向，互联网提供了企业与顾客双向交流的通道，使企业得以发展规模化的交互式的市场营销方式。这种交互式的市场营销方式一方面让企业更直接、更迅速地了解顾客的需求；另一方面，使企业有更多的空间，为用户提供更具价值的售前服务和售后服务。

（1）产品策略

在互联网营销中，企业的产品和服务要有针对性，其产品形态、产品定位和产品开发要体现互联网的特点。

①产品形态。在互联网上，信息产品和有形产品的销售不同。信息产品直接在网上销售，而且一般可以试用，而有形产品只能通过网络展示，尽管多媒体技术可以充分生动地展示产品的特色，但无法直接尝试，而且要通过快递公司送货或传统商业渠道分销。因此，互联网营销的产品和服务应尽量是信息产品和服务、标准化的产品、在购买决策前无须尝试的产品，才能有利于在网上销售。

②产品定位。在消费者定位上，互联网营销的产品和服务的目标应与互联网用户一致，互联网营销所销售产品和服务的消费者首先是互联网的用户，产品和服务要尽量符合互联网用户的特点。在产品特征定位上，互联网用户的收入水平和教育水平都较高，喜欢创新，对

计算机产品和高技术产品情有独钟，因此，要考虑产品和服务是否与计算机有关，是否属于高技术。

③产品开发。由于互联网体现的信息对称性，企业和顾客可以随时随地进行信息交换。在产品开发中，企业可以迅速向顾客提供新产品的结构、性能等各方面的资料，并进行市场调查，顾客可以及时将意见反馈给企业，从而大大地提高企业开发新产品的速度，也降低了开发新产品的成本。通过互联网，企业还可以迅速建立和更改产品项目，并应用互联网对产品项目进行虚拟推广，从而以高速度、低成本实现对产品项目及营销方案的调研和改进，并使企业的产品设计、生产、销售和服务等各个营销环节能共享信息、互相交流，促使产品开发从各方面满足顾客需要，以最大限度地实现顾客满意。

（2）价格策略

互联网营销中产品和服务的定价要考虑以下因素：

①国际化。由于互联网营造的全球市场环境，企业在制定产品和服务的价格时，要考虑国际化因素，针对国际市场的需求状况和产品价格情况，以确定本企业的价格对策。

②趋低化。由于互联网营销使企业的产品开发和促销等成本降低，企业可以进一步降低产品价格。同时由于互联网的开放性和互动性，市场是开放和透明的，消费者可以就产品及价格进行充分的比较、选择，因此，要求企业以尽可能低的价格向消费者提供产品和服务。

③弹性化。由于互联网营销的互动性，顾客可以和企业就产品价格进行协商，也就是可以议价。另外，企业也可以根据每个顾客对产品和服务提出的不同要求来制定相应的价格。

④价格解释体系。企业通过互联网向顾客提供有关产品定价的资料，如产品的生产成本、销售成本等，建立价格解释体系，为产品定价提供理由，并答复消费者的询问，使消费者认同产品价格。

此外，互联网营销中提供产品和服务的价格依然要根据产品和服务的需求弹性来制定，同时又要考虑互联网营销的特点。企业在网上可以向顾客提供价格更低的产品和服务，但向顾客提供更多的方便和闲暇时间是不可忽视的重要因素。

（3）促销策略

网络促销的目的是使促销更合理，消费者可以通过互联网主动搜索信息，企业可以把注意力更集中于目标顾客。

企业要为顾客提供满意的支持服务。随着市场的发展和竞争的加剧，消费者变得越来越挑剔，企业间的竞争也从产品延伸至服务。无论是售前还是售后的服务，都变得日益重要，能否为顾客提供满意的支持服务往往成为企业胜负的关键。互联网营销在提供支持方面具有优越性。通过互联网，全球的消费者也能与企业联系和交流，顾客可直接向企业咨询有关产品和服务的问题，同时企业应用文字、图片和图像等技术向顾客展示产品和服务的内容，解释、答复顾客的咨询，使整个售前和售后服务及时清晰。

企业要为每个消费者提供不同的产品和服务。通过互联网营销，企业可以较低的成本让消费者提出自己的要求，然后根据不同的要求提供不同的产品和服务。虽然每个消费者的需求都存在差异，但企业能分别予以满足，必然能提高顾客的满意程度，从而增加了产品和服务的销售。

企业要与顾客和上下游企业建立伙伴关系。合作是相互的，企业要想从顾客那里获得信息，也应该为顾客提供帮助，不仅为顾客提供产品和服务，还要帮助顾客实现这些产品和服务的价值。同上下游企业建立伙伴关系，其目的也是促进企业间的合作，开展更大规模的市场营销活动，进而为顾客提供更完善、更便利的服务，也给合作的企业带来竞争优势。

网络促销的方式有拉销、推销和链销：

①拉销。互联网营销中，拉销就是企业吸引消费者访问自己的Web站点，让消费者浏览产品网页，做出购买决策，进而实现产品销售。网络拉销中，最重要的是企业要推广自己的Web站点，吸引大量的访问者，才有可能把潜在的顾客变为真正的顾客，因而企业的Web站点除了要提供顾客所需要的产品和服务，还要生动、形象和个性化，要体现企业文化和品牌特色。

②推销。互联网营销中，推销就是企业主动向消费者提供产品信息，让消费者了解、认识企业的产品，促进消费者购买产品。有别于传统营销中的推销，网络推销有两种方法：一种方法是利用互联网服务商或广告商提供的经过选择的互联网用户名单，向用户发送电子邮件，在邮件中介绍产品信息；另一种方法是应用推送技术，直接将企业的网页推送到互联网用户的终端上，让互联网用户了解企业的Web站点或产品信息。

③链销。互联网营销中，互动的信息交流强化了企业与顾客的关系，使顾客的满意程度增大是企业开展网络链销的前提。企业使顾客充分满意，满意的顾客成为企业的种子顾客，会以自己的消费经历为企业做宣传，向其他顾客推荐企业的产品，使潜在顾客成为企业的现实顾客，从而形成口碑效应，最终形成顾客链，实现链销。企业以种子顾客带动潜在顾客，扩大企业的销售。

（4）渠道策略

①会员网络。互联网营销中一个最重要的渠道就是会员网络。会员网络是在企业建立虚拟组织的基础上形成的网络团体，通过会员制，促进顾客相互间的联系和交流，以及顾客与企业的联系和交流，培养顾客对企业的忠诚，并把顾客融入企业的整个营销过程中，使会员网络的每一个成员都能互惠互利，共同发展。

②分销网络。根据企业提供的产品和服务的不同，分销渠道不一样。如果企业提供的是信息产品，企业就可以直接在网上进行销售，需要较少的分销商，甚至不需要分销商。如果企业提供的是有形产品，企业就需要分销商。企业要想达到较大规模的营销，就要有较大规模的分销渠道，建立大范围的分销网络。

③快递网络。对于提供有形产品的企业，要把产品及时送到顾客手中，就需要通过快递公司的送货网络来实现。规模大、效率高的快递公司建立的全国甚至全球范围的快递网络是企业开展互联网营销的重要条件。

④服务网络。如果企业提供的是无形服务，企业可以直接通过互联网实现服务功能。如果企业提供的是有形服务，需要对顾客进行现场服务，企业就需要建立服务网络，为不同区域的顾客提供及时的服务。企业可以自己建立服务网络，也可以通过专业性服务公司的网络实现顾客服务目的。

⑤生产网络。为了实现及时供货，以及降低生产、运输等成本，企业要在一些目标市场区域建立生产中心或配送中心，形成企业的生产网络，并同供应商的供货网络及快递公司的送货网络相结合。企业在进行互联网营销中，根据顾客的订货情况，通过互联网和企业内部网对生产网络、供货网络和送货网络进行最优组合调度，可以把低成本、高速度的互联网营销方式发挥到极限。

1.4.2 互联网营销模式

企业需要分析互联网营销通过何种机制达到何种目的，然后根据自己的特点及目标顾客的需求特性，选择一种合理的互联网营销模式，以下是目前比较有效的几种互联网营销模式。

（1）留住顾客、增加销售

保留一个老顾客相当于争取五个新的顾客。无锡小天鹅股份有限公司通过大量的市场调研，得出一组营销数据，即1：25：8：1，也就是1个顾客使用小天鹅产品并得到了满意的服务，他（她）会影响周围其他25位顾客，其中8个人会产生购买欲望，1个新顾客会产生购买行为。这就是顾客的市场辐射效应，它比广告宣传更客观和公正。

网络的双向互动、信息量大且可选择性阅读、成本低、联系方便等特点，决定了它是一种优于其他媒体的顾客服务工具。通过互联网营销，可以达到更好地服务于顾客的目的，从而增强与顾客的关系，建立顾客忠诚度，永远留住顾客。满意而忠诚的顾客总是乐意购买公司的产品，这样自然而然地就提高了公司的销售量。

（2）提供有价值的信息刺激消费

互联网营销尤其适用于通过零售渠道销售的企业，它可以通过网络向顾客连续提供有用的信息，包括新产品信息、产品新用途等，而且还可根据情况适时变化，保持网上站点的新鲜感和吸引力，这些有用的新的信息能刺激顾客的消费欲望，从而增加购买量。

（3）简化销售渠道、减少管理费用

使用网络进行销售对企业最直接的效益来源于它的直复营销功能，即通过简化销售渠道、降低销售成本，最终达到减少管理费用的目的。

利用网络实施直复营销，对顾客而言，必须购买方便，使顾客减少购物时对时间、精力和体力上的支出与消耗；对企业而言，可简化销售渠道、降低销售成本、减少管理费用。日常用品、书籍、鲜花和礼品等网上商店就是这种模式的最好应用。

（4）让顾客参与、提高客户的忠诚度

新闻业已有一些成功运用此模式的例子。报纸和杂志出版商通过他们的网页来吸引顾客参与。他们的网页使顾客能根据自己的兴趣形成一些有共同话题的“网络社区”，同时也提供了比传统“给编辑的信”参与程度高得多的读编交流机会。这样做的结果是有效地提高了订户的忠诚度。

电影、电视片的制作商也采用此模式提高了产品的流行程度。

（5）提高品牌知名度以获得更高的利润

将品牌作为管理重点的企业可通过网页的设计来增强整个企业的品牌形象。可口可乐（Coca Cola）、耐克（Nike）等著名品牌都采用网络作为增强品牌形象的工具。

企业可以通过网页设计，突出品牌宣传，树立整体的企业品牌形象，建立顾客忠诚度，实现市场渗透，最终达到提高市场占有率的目的。例如，可口可乐公司不是将网络作为直复营销的工具，而是将其作为增强品牌形象的工具。

（6）数据库营销

网络是建立强大、精确的营销数据库的理想工具。网络的实时、互动特性，可以对营销数据库实现动态修改和添加。拥有一个实时追踪市场状况的营销数据库，是公司管理层做出动态、理性决策的基础。对目标市场的准确细分、对商品价格的及时调整等都可以通过网络建立的营销数据库来实现。数据库营销模式是传统营销模式的现代化，具有科学性和预测性的优势。

1.4.3 互联网营销策略的规划与实施

互联网营销策划并不单指网站推广，也并不单是网上销售，所以，互联网营销工作所带来的效果也是多种表现的，比如互联网营销对客户服务的支持、对线下产品销售的促进、对公司品牌拓展的帮助等。互联网营销策划就是为了达成特定的互联网营销目标而进行的策略思考和方案规划的过程。

（1）基本原则

①系统性原则。互联网营销是以网络为工具的系统性的企业经营活动，它是在网络环境下对市场营销的信息流、商流、制造流、物流、资金流和服务流进行管理的。因此，互联网营销方案的策划是一项复杂的系统工程。策划人员必须以系统论为指导，对企业互联网营销活动的各种要素进行整合和优化，使“六流”皆备，相得益彰。

②创新性原则。网络为顾客对不同企业的产品和服务所带来的效用和价值进行比较带来了极大的便利。在个性化消费需求日益明显的互联网营销环境中，通过创新，创造和顾客的个性化需求相适应的产品特色和服务特色是提高效用和价值的关键。特别的奉献才能换来特别的回报。创新带来特色，特色不仅意味着与众不同，而且意味着额外的价值。在互联网营销方案的策划过程中，必须在深入了解互联网营销环境尤其是顾客需求和竞争者动向的基础上，努力营造旨在增加顾客价值和效用、为顾客所欢迎的产品特色和服务特色。

③操作性原则。互联网营销策划的第一个结果是形成互联网营销方案。互联网营销方案必须具有可操作性，否则毫无价值可言。这种可操作性，表现为在互联网营销方案中，策划者根据企业互联网营销的目标和环境条件，就企业在未来的互联网营销活动中做什么、何时做、何地做、何人做、如何做的问题进行了周密的部署、详细的阐述和具体的安排。也就是说，互联网营销方案是一系列具体的、明确的、直接的、相互联系的行动计划的指令，一旦付诸实施，企业的每一个部门、每一个员工都能明确自己的目标、任务、责任以及完成任务

的途径和方法，并懂得如何与其他部门或员工相互协作。

④经济性原则。互联网营销策划必须以经济效益为核心。互联网营销策划不仅本身消耗一定的资源，而且通过互联网营销方案的实施，改变企业经营资源的配置状态和利用效率。互联网营销策划的经济效益是策划所带来的经济收益与策划和方案实施成本之间的比率。成功的互联网营销策划，应当是在策划和方案实施成本既定的情况下取得最大的经济收益，或花费最小的策划和方案实施成本取得目标经济收益。

⑤协同性原则。互联网营销策划应该是各种营销手段的应用，而不是方法的孤立使用。诸如论坛、博客、社区、网媒等资源要协同应用才能真正达到互联网营销的效果。

（2）整体策划

互联网营销整体策划的第一步就是要找出该企业在这个时期的互联网营销目标。目标设置主要涉及五类：销售目标、增强服务目标、品牌型互联网营销目标、提升型互联网营销目标以及混合型互联网营销目标。

确定目标之后，就要考核企业要达到其目标要采取什么样的互联网营销战略和战术。当今互联网营销战略的重点主要包括：顾客关系的再造，即互联网营销能否成功的关键是如何跨越地域、文化和时空差距，再造顾客关系；发掘网络顾客、吸引顾客、留住顾客，了解顾客的愿望以及利用个人互动服务与顾客维持关系，即企业如何建立自己的顾客网络，如何巩固自己的顾客网络；定制化营销，指利用网络优势，一对一地向顾客提供独特化、个人化的产品或服务；再有就是建立网站的网上营销伙伴，如何运用网络组成合作联盟，并以网络合作伙伴所形成的资源规模创造竞争优势，将企业自己的网站与他人的网站关联起来，以吸引更多的网络顾客。

当企业管理者对互联网营销的目标和战略已经有了一定认识时，预先做好互联网营销管理设置是很多企业通常会忽略的部分，同时这也是保证企业营销效果的关键。

这部分包括互联网营销管理模型的选择和量化指标的确定：互联网营销策划的管理部门和财务预算以及反馈信息的管理。反馈信息中有一部分内容是顾客提出的各类问题，对这些问题公司有关部门应尽可能快地给予答复，对一些常问的问题可通过预先设置自动应答器立即给出预备的答复，让他查询企业的FAQs。对一些不能及时答复的问题，公司应及时回复提问者，并承诺给出答复的时间限制——通常应该在24小时内。

（3）策划分层

互联网营销策划大致可分为三层，如图1–2所示。

- 信息应用层

这是最简单、最基本的一层。在这个层次上，企业主要通过利用Internet来发布信息，并充分利用网络优势与外界进行双向沟通。在这个应用层中，不需要企业对信息技术有太高的要求，只是最基本的使用。比如：通过发E–mail与消费者进行沟通、交流，定期给客户发各种产品信息邮件、产品推荐

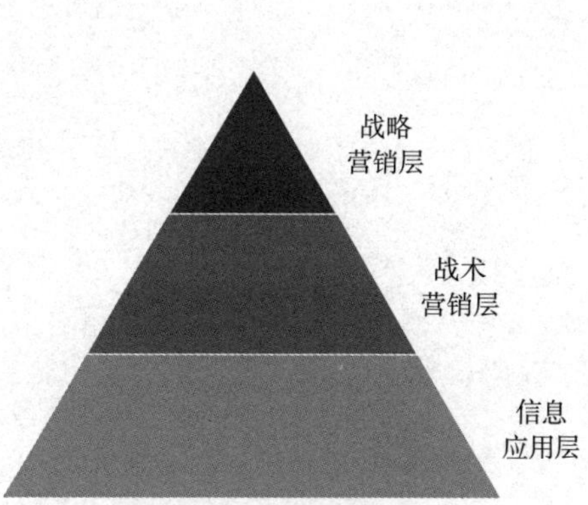

图1–2　互联网营销策划分层

邮件、电子刊物等，加强与顾客的联系；建立网站主页，将一些有关企业及其产品、服务的介绍放在上面，辅之精美的图文，供访问者浏览；通过专用数据专线上网。

● 战术营销层

企业主要进行下列工作：

①互联网营销调研。利用Internet在线调研可以轻松地完成大量的复杂的调研工作，能够充分满足各种统计数据的要求，提高营销调研的质量。由于它使用电子问卷，从而大大减少了数据输入工作，缩短了调研时间。

②网上销售。这是互联网营销较具诱惑力的地方之一。数以千计的企业在网上安营扎寨，销售产品种类繁多。而实际中，这个企业也许仅仅就是一台电脑，没有厂房，没有员工，没有办公大楼。他们是网上的“虚拟巨商”，却又是如此真实。网上销售与传统的商业销售的实物流程相分离，是一种信息时代的营销手段。

③营销战术系统。主要包括一些用于管理库存的子系统，用于宣传产品、链接网站的子系统及用于答复用户意见、反馈信息的子系统。决策者们利用网上的这一系统分析工具进行着各种各样的决策活动。

● 战略营销层

这个层次建立在战术营销层基础之上，将整个企业的营销组织、营销计划、营销理念等完全融入网络，依靠网络制定方针，开展战略部署，实现战略转移，缔结战略同盟等战略决策。

第 2 章

传播内容制作基础知识

知识目标

1. 描述常见的拍摄工具及作用。
2. 了解常用图片、视频素材的收集和处理平台。
3. 理解新媒体营销的方法和未来趋势。

技能目标

1. 熟悉视频拍摄的灯光设置、运镜方式、构图和视频制作流程。
2. 掌握图片去水印、制作 gif 图片的方法。
3. 熟练运用一种视频处理平台剪辑制作视频。

职业素养

1. 培养自主学习和反思问题的能力。
2. 锻炼学生的实操能力。

2.1 摄影、录像拍摄基础知识

2.1.1 常见的拍摄工具

（1）手机

作为刚入门拍摄短视频的人在考虑选择什么样的设备的时候总是一头雾水，一些人可能会选择贵一点的设备，想着贵的总没错，实际上选择适合自己的才是最重要的。最直接的方法就是使用手机来拍摄，因为手机方便携带。随着科技的进步，现代的智能手机，功能越来越强大，同时摄像头的更新也十分迅速，在一定程度上手机已经完全可以胜任短视频拍摄任务。

智能手机一般配备F2.0左右光圈的镜头，结构为定焦，固定最大光圈，不可调光圈值，固定焦距（约等效全画幅28~35毫米），不可光学变焦；配备约1/3~1/2.5英寸大小的CMOS感光元件；存储依靠手机内置闪存或微型存储卡。这样一套简便的摄像装置，可以拍摄最高达4K分辨率的视频，已基本可以满足我们日常的记录用途。首先，手机体积小巧，随身携带，可以随时随地拍摄视频；其次，手机操作简单，手指触摸控制焦点、曝光、拍摄等操作项目，很容易上手，不用过多学习摄像知识也能完成拍摄；再次，手机可以方便地通过内置App软件对视频进行简单剪辑、调色、特效处理，节省后期制作时间。

图2-1　三脚架

（2）其他拍摄辅助工具

在日常拍摄中，我们可以通过一些辅助的拍摄工具进行更好的拍摄。

首推三脚架（图2-1）。三脚架既可以调整高度又可以稳定镜头，还可以随意弯曲，这样就可以放置在各种地方拍摄。

除此之外还有补光灯、触控笔、声卡等。补光灯能够帮助拍摄黑暗的环境，或者在背阳面对人的面部补光，还可以在昏暗的环境中对人物的拍摄进行补光，增强人物的质感和层次，如图2-2所示就是常见的补光灯。触控笔主要用来帮助操作手机，而声卡则是对声音的采集提供帮助。

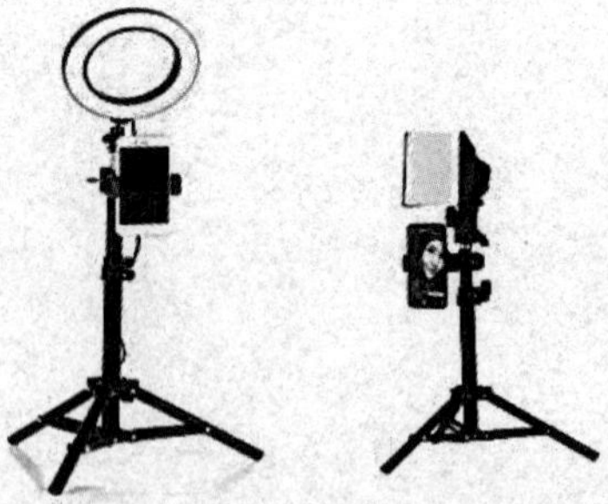
图2-2　补光灯

2.1.2 画面设计与运用

现在的智能手机拍摄功能十分强大，在拍摄完短视频之后，可以直接在手机的软件上进行画面的设计，比如加一些特效和滤镜等，下面以抖音短视频App进行举例。

打开抖音App后，如图2–3所示，在首页可以看到在最底端的中间有个“+”按钮，点击后可以进行视频的拍摄或者对拍摄好的视频进行画面的设计。

进入拍摄页面可以看到右侧有很多功能（图2–4），如翻转、快慢速、滤镜、美化、倒计时、闪光灯等，顶部有选择音乐，下方有道具。

翻转是切换镜头，既可以自拍，也可以翻转拍摄风景或其他事物。

快慢速是调整视频拍摄的速度，有些时候使用慢动作拍摄别有一番风味，比如在拍摄樱花落下的时候使用慢动作可以使得细节放大，更能够让观看者感受到樱花飞落的震撼感与美感。

滤镜是对画面进行色彩的调整，如图2–5所示，抖音App上已经将滤镜进行分类，对于初学者来说便利很多，可以根据拍摄的内容进行滤镜的选择，拍摄的是人像，就有专门适合人像的滤镜，拍摄食物就有颜色艳丽一些适合食物的滤镜。

美化是专门针对拍摄人像的视频或照片进行调整，如图2–6所示，可以对人物面部进行微调。

视频拍好之后，右侧的功能随之发生变化，如图2–7所示，第一个是剪裁，可以根据需要进行视频裁剪；第二个是文字，即给视频添加说明，如添加一个标题或者字母；第三个是贴纸，贴纸一般有两个作用：一个是增加视频的趣味性，另一个是遮盖住一些不允许出现在视频中违规或者影响不好的画面。最后一个是特效，如图2–8所示，有很多形式，如梦幻、转场、动感、分屏等，使用者可以根据自身视频的需要来选择特效。如两个视频拼在一起，就需要适当加入转场来减少两个视频之间的不连贯性，也能在一定程度上给观众一个预告。

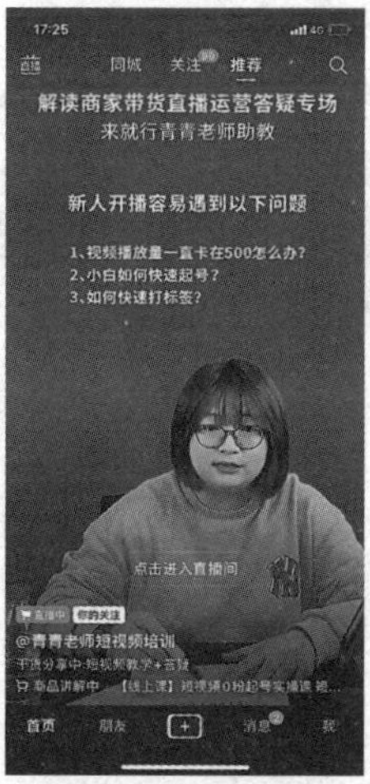

图2–3　抖音App首页

图2–4　拍摄页面

图2–5　滤镜

图2–6　美化功能

图2–7　视频处理

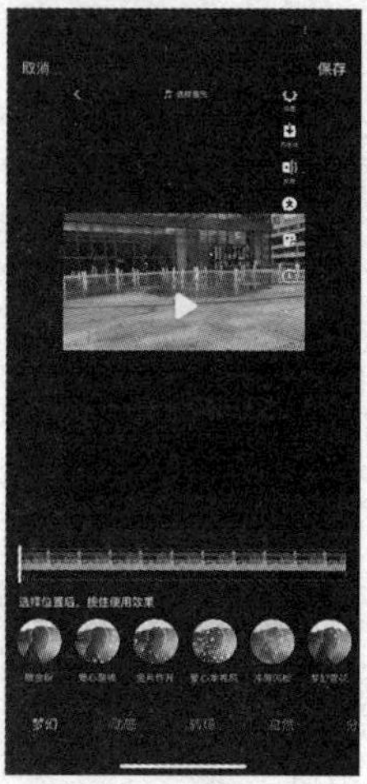
图2–8　特效功能

2.1.3 光线位置的设计与应用

拍摄视频光线非常重要。良好的光线布局可以有效提高图像质量。拍摄肖像时，柔和的光线可以用来增强画面的美感。应避免明显的阴影和暴露。如果灯不亮，可以手动点亮，也可以用光线进行艺术创作，比如通过背光来营造一种空灵神秘的艺术氛围。如图2–9所示为不同的光线方向以及名称，下面逐一进行介绍。

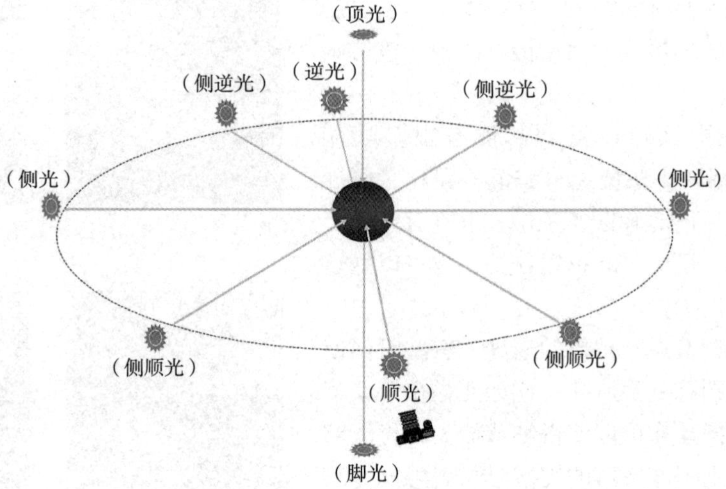

图2–9　5种不同角度光线名称

（1）顺光

顺光指的是光源和被摄物体是面对面的，拍摄者是背对光源的，光线直接照射在被摄物体上，如图2–10所示。

优点：在这样的光线环境下，主体色彩以及形态等细节特征都可以得到很好地表现。

缺点：顺光拍摄会使主体没有明显的明暗变化，从而缺乏层次感和立体感，使画面表现略显平淡。

（2）侧光

侧光光线的照射方向与相机的拍摄方向成90° 左右的角度，如图2–11所示。利用侧光

图2–10　顺光示意图

图2–11　侧光示意图

拍摄，可以使被摄主体产生鲜明的明暗对比效果，使画面表现得非常有质感。所以，侧光常用于表现层次分明、具有较强立体感的画面。

（3）逆光

逆光是指从被摄主体的后面正对镜头照射来的光线，如图2–12所示。在逆光环境下拍摄，很容易使被摄主体面向拍摄者的那一面变黑，与背光区域形成明暗反差。想要在逆光环境下拍摄出精彩的照片，可以利用反光板或者灯具对人物面部进行补光。

（4）顶光

顶光是指从被摄主体的顶部向被摄主体照射的光线，与我们的相机维持在90° 左右的垂直角度，如图2–13所示。在自然界中，最常见的顶光就是正午的太阳光线。通常，顶光在拍摄静物题材等需要表现被摄主体顶部细节的时候使用。

（5）脚光

脚光是指从被摄主体下方向被摄主体照射的光线，如图2–14所示。脚光并不是我们常见的光线环境，脚光的视觉效果会下意识给人一种神秘、阴森、诡异的感觉。

图2–12　逆光示意图

图2–13　顶光示意图

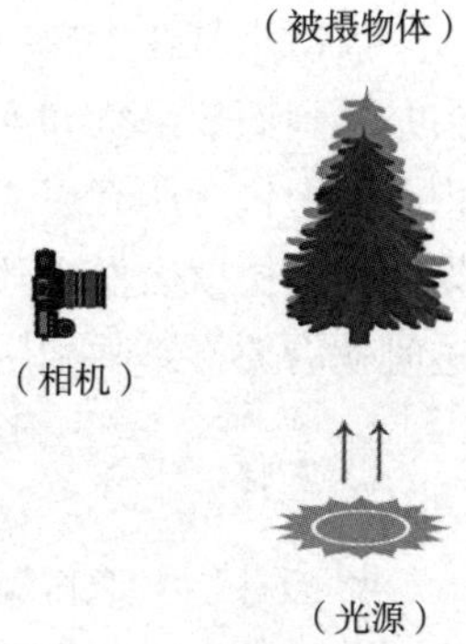

图2–14　脚光示意图

2.1.4 镜头运动方式的设计与运用

镜头运动方式是指摄像机镜头的调焦方式，摄像机的运动可以分成纵向运动的推镜头、拉镜头、跟镜头，横向运动的摇镜头、移镜头，如图2–15所示。

图2–15　运镜方式

（1）推

推摄是摄像机向被摄主体的方向推进，或者变动镜头焦距使画面框架由远而近向被摄主体不断接近的拍摄方法。用这种方式拍摄的运动画面称为推镜头。

推镜头实现的方法有两种：一种是机位移动，沿直线接近主体；另一种是机位不动，焦距由短变长而形成。

推镜头的功用和表现力：突出主体人物，突出重点形象；在一个镜头中介绍整体与局部、客观环境与主体人物的关系；推镜头推进速度快慢可以影响和调整画面节奏，从而产生外化的情绪力量。

（2）拉

拉摄是摄像机逐渐远离被摄主体，或变动镜头焦距（从长焦调至广角）使画面框架由近至远与主体拉开距离的拍摄方法，用这种方法拍摄的运动画面称为拉镜头。

将摄像机放在移动车上，对着人物或景物向后拉远所摄取的画面。摄像机逐渐远离被摄主体，画面就从一个局部逐渐扩展，使观众视点后移，看到局部和整体之间的联系。

实现拉镜头的方法：一是机位移动，沿直线远离主体；二是机位不动，焦距由长变短而形成，跟推摄刚好相反。

拉镜头内部节奏由紧到松，与推镜头相比，较能发挥感情上的余韵，产生许多微妙的感情色彩。拉镜头的起伏画面往往是主体形象鲜明突出，有先声夺人的艺术效果。随着镜头的拉开，画面越来越开阔，相应地表现出一种“豁然开朗”的感情色彩。

（3）摇

摇镜头是在拍摄中，摄像机的位置不动，通过摄像机本身的水平或垂直移动而拍摄的镜头，其画面效果犹如人们转动头部或视线由一点移向另一点的视觉效果。当你不能在单个静止画面中包含所有想要拍摄的景物时，比如在拍摄群山、草原、沙漠、海洋等宽广深远的景物时，摇摄就会发挥其独特的作用。拍摄运动的物体，比如一群孩子在海滩边奔跑的画面，这时就需要摄影师利用摄像机的水平摇动来表现孩子们活泼欢快的形象。

（4）移

移摄是将摄像机架在活动物体上，随之运动而进行的拍摄。用移动摄像的方法拍摄的镜头称为移动镜头，简称移镜头。移动摄像是以人们的生活感受为基础的，它与摇镜头十分相似，只不过视觉效果更为强烈。移镜头拍摄的画面中不断变化的背景使镜头表现出一种流动感，使观众产生一种置身其中的感觉，增强了艺术感染力。

（5）跟

跟镜头是摄像机始终跟随运动的被摄主体一起运动而进行的拍摄。用这种方式拍摄的画面称为跟镜头。跟镜头大致可以分为前跟、后跟（背跟）、侧跟三种情况。

跟镜头的画面特点：一是画面始终跟随一个运动的主体；二是被摄对象在画框中的位置相对稳定，画面对主体表现的景别也相对稳定。

跟镜头的作用：从人物背后跟随拍摄的跟镜头，由于观众与被摄人物视点的统一，可以表现出一种主观性镜头；跟镜头的表现方式，不仅使观众置身于事件之中，成为事件的“目击者”，而且还表现出一种客观记录的“姿态”。

2.1.5 画面构图方式的设计

（1）三分法构图

摄影和摄像的实质是对同一事物静态和动态的呈现方式。如同摄影构图中使用最多的黄金分割一样，视频拍摄时，首先要掌握的构图技巧就是“黄金分割”。将摄像机的镜头当作一个画框，构成一个井字形。这个井字形有四个交叉点，把你要拍摄的主体，置于交叉的四个点的任何一个点上都是引人注目的焦点。以黄金比例为原理的构图方法，将画面以“井”字分割，将突出的被摄主体放在井字交点处，而背景层次以三分法比例呈现。

三分法构图是最常见也是最基本的构图法，如图2–16所示。这种构图方法是用“井”字直线，将画面分割成9个相等的方格。这种构图法表现鲜明，画面简练。目前，绝大多数的数码相机甚至是手机都内置了九宫格辅助构图线，它适合应用于各种拍摄题材，最常使用的就是风景、人物等。可以说，这个构图法是最适合初学者学习的构图方法，简单方便易上手，能轻松让拍摄者的视频画面内容变得有趣起来。

（2）引导线构图

利用画面中的线条去引导观者的目光，让他的目光最终可以汇聚到画面的焦点。当然引导线并不一定是具体的线，只要是有方向性的、连续的东西，都可以称之为引导线。当所有线条集中于一处，而恰巧人物或者要表现的主体在中心点上时，注意力会情不自禁被站在中心点上的人或物吸引住，此时，主体的表达会更加清晰，直观地传达到观众的眼睛里，如图2–17所示。

图2–16　三分法构图

图2–17　引导线构图

（3）对角线构图

在传统的视频拍摄中，视频的创作者在拍摄人物对话时，通常将人物一左一右安排在画面内。因为这种布局方式完全和我们的日常生活相同，所以观众接受起来也非常容易。而在竖屏短视频中，如果继续按照过去一左一右的方式进行布局，将人物安排在有限画幅中的左右两侧，就会使画面左右的空间被人物填满，使画面出现拥挤感，甚至比例失调，难以让画面达到平衡的效果，从而大大影响观众的观看感受。

对角线构图其实是引导线构图的一个分支，将引导线沿画面对角线方向分布，就成了对角线构图（图2–18）。引导线可以是直线，也可以是曲线甚至是折线，只要整体延伸方向与画面对角线方向接近就可以视为对角线构图。对角线是方形画框中最长的直线。对角线作为引导线，引导观众视线的能力很强，能带着观众视线“走”遍整个画面。

（4）对称构图

对称构图具有平衡、稳定、相呼应的特点，但要注意的是，对称构图是形式上的构图，并非数学上的对称。其次，对称元素可以是人物和环境，人物摆放位置并非一定是画面正中心，如图2–19所示。

图2–18　对角线构图

图2–19　对称构图

许多视频中对称的画面并不会显得很死板，反而，会给视频营造一种美感，看起来会让人很舒服，拍摄的对称式构图视频显得呆板，很大一部分原因是缺少艺术感染力，这就需要我们拍好对称式构图的同时，再结合其他处理方法，才能使得视频更具表现力。

（5）框架式构图

框架式构图利用有形的景物或者抽象的光影处理给照片设置前景，可以有效地突出照片的主体元素。有形的景物一般会利用建筑、树木来作为前景的处理。抽象的光影处理一般会利用相机在拍摄时的点测光来营造低调的照片。框架式构图利用了人们出于本能的好奇，用一个框架将拍摄主体包围起来，营造了一种神秘的气氛，就好像一个人从藏匿处偷偷窥视某个地方。这类构图容易引起人们的好奇心，通过照片从明到暗的过渡，给人带来一种神秘感，同时也使得照片具有立体感、延伸感，如图2–20所示。

图2–20　框架式构图

2.2 图片、视频编辑制作基础知识

2.2.1 图片的编辑制作

（1）图片素材的收集

在进行图片的编辑制作时，图形图像素材的准备是一项重要工作，获取图片素材的方法主要有以下几种：

①使用搜索引擎进行搜索下载，例如百度的图片搜索，可以搜索不同尺寸的图像素材，从中筛选合适的素材。

②在专业的图片网站下载图片素材，如视觉中国（图2–21）等。

图2–21　视觉中国网

③使用搜图工具。必要时还可以借助搜图工具实现图片的批量下载。图片助手（Image Assistant）是一款功能强大的网页图片提取利器，包含网页图片提取、筛选、下载功能的Chrome扩展。可以实现批量下载百度壁纸，批量下载图片搜索结果，如图2–22、图2–23所示，自由选择想要的图片类型，通过尺寸漏斗筛选图片尺寸，根据自己的需求选择图片分辨率的大小，批量选择照片和存储位置等，如图2–24所示。软件可以直接在浏览器应用商店中搜索安装即可，目前苹果商店也已上架，可以在手机或iPad上安装使用。

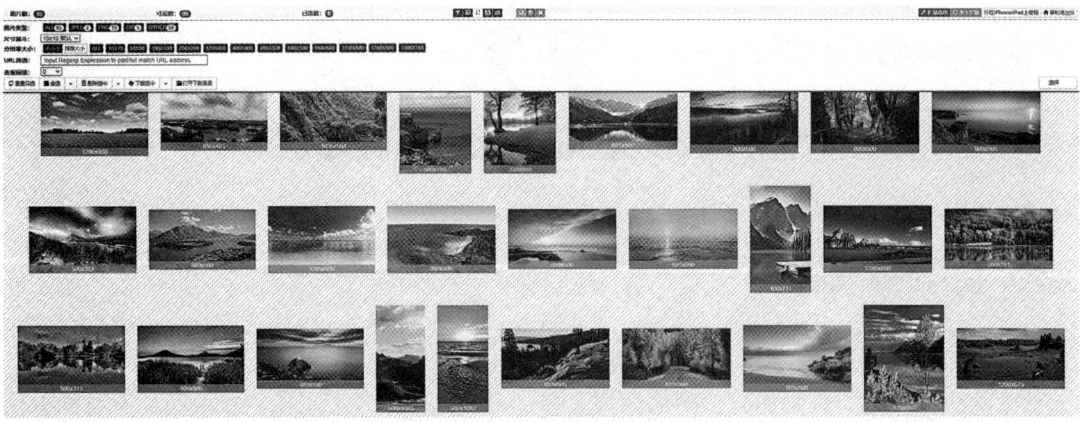

图2–22　批量下载百度壁纸

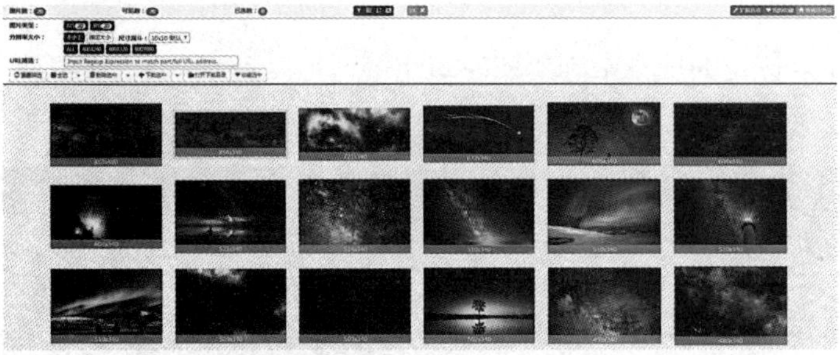

图2–23　批量下载图片搜索结果

图2–24　获取微信页面所有素材

（2）图片处理软件

- Adobe Photoshop

说到图片处理，很多人第一时间想到的就是Photoshop，简称PS。Adobe Photoshop是目前全球最专业的图像处理软件，工具、功能非常强大，能充分发挥制作者的想象和技能水平，制作出具有个性化的图片。同时细节处理十分到位，是美术专业学生必学的一款图片处理软件。但是PS自带的效果较少，不易上手，其需要长期学习才能提高技能，如图2–25所示。

- 美图秀秀

美图秀秀作为图片处理软件的优点是快捷、简单、上手容易，不需要专门的学习就可以使用，功能也算比较强大。但美图秀秀的缺点是预设效果多，缺乏个性化，且细节难以把握。应付一般的图片处理美图秀秀还是绰绰有余的，如图2–26所示。

- Inpaint轻松去水印

看到一张自己非常喜欢的图片，结果发现有水印，可以用Inpaint轻松去水印。这是一款免费去水印的软件，只需简单涂抹，即可轻松去除图片上的水印。除了去水印外，也可以去除图片的划痕、污渍、标志、瑕疵，以及额外的物体、人物等。先用画笔工具涂抹需要去除的图像，此图像被透明红色覆盖，如图2–27所示；然后点击软件窗口上方的“处理图像”，

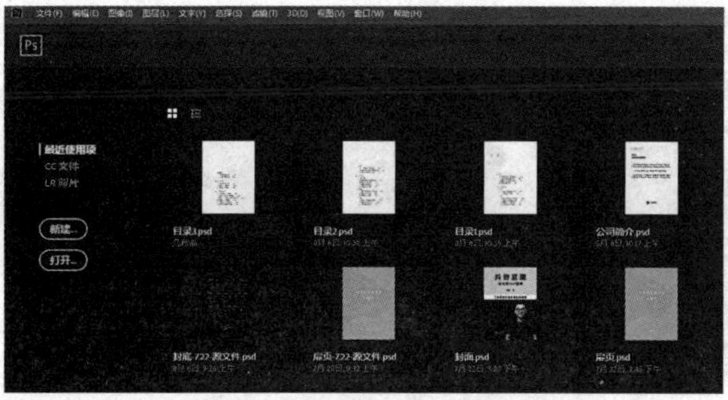

图2–25　Adobe Photoshop CC

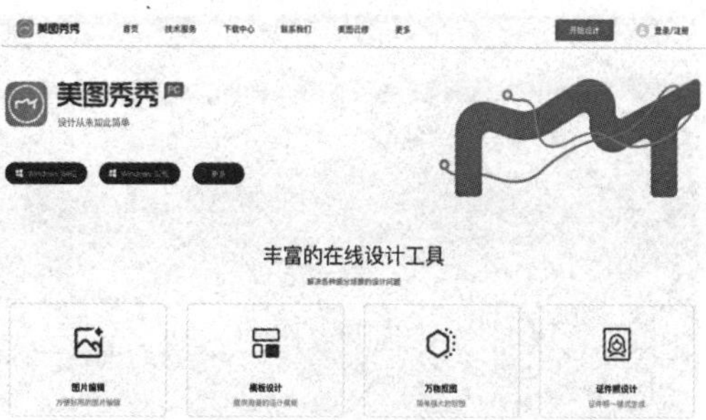

图2–26　美图秀秀

如图2–28所示，系统自动处理后，效果如图2–29所示。同时Inpaint会根据附近图片区域重建擦除的区域，使图片看起来完美无瑕，没有痕迹。

● EasyGif

EasyGif是一个在线的Gif编辑工具，如图2–30所示，支持将一个原来的Gif进行编辑，可以将MP4的视频转换成Gif，也可以将多张图片合成一个动态图片。利用它可以调整动画的速度，可以反向，旋转翻转图片，可以为图片添加文字，并设置相关属性，支持裁剪动图，能够添加、移除帧，最后可以将制作完成的动图导出。

点击首页的“Run”按钮，选择文件类型，第一种是添加Gif图片，第二种是添加MP4视频文件，最后一种是添加多张图片文件，可以拍摄照片也可以添加已有照片，如图2–31所示。

图片直接上传就可以了，非常方便，一键制作Gif动图，完成以后直接点击右下方的“Export”下载到桌面就可以了。

● 九宫格制作

下面了解如何利用美图秀秀进行九宫格制作。如图2–32所示，打开手机端美图秀秀，选择“拼图”，添加手机图库中的9张图片，点击“开始拼图”。

选择“模版”，如图2–33所示，可以根据需要选择3∶4、1∶1、4∶3、16∶9四种比例中的任意一种，然后点击右上角“保存/分享”按钮，生成最终效果图保存。

图2–27　涂抹需要去除的画面

图2–28　处理图像

图2–29　效果图

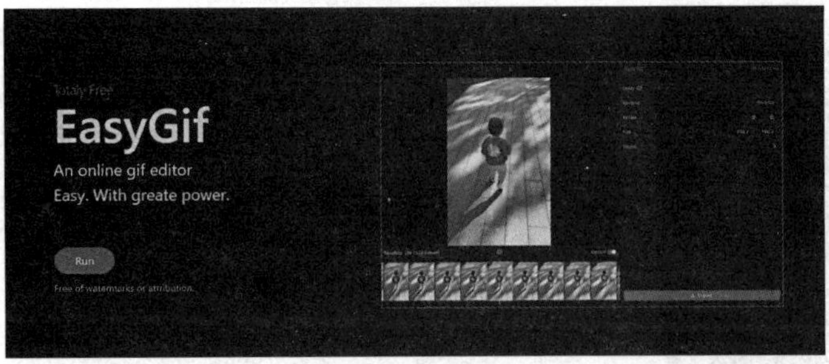

图2-30　Gif编辑工具EasyGif

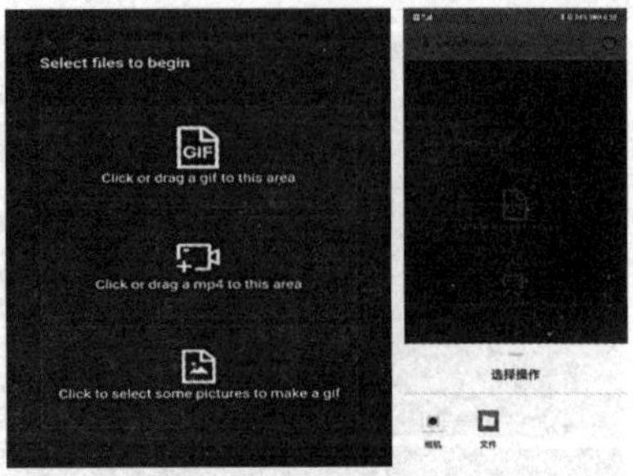

图2-31　EasyGif功能

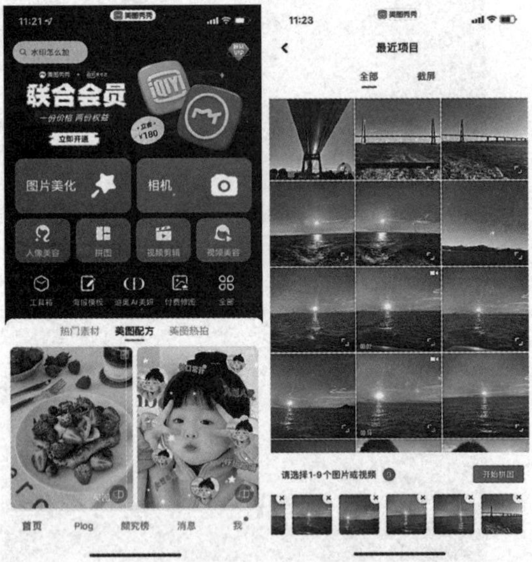

图2-32　美图秀秀拼图功能

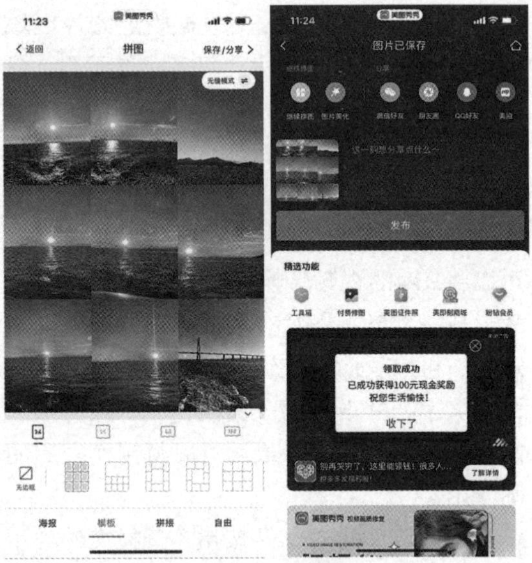

图2-33　设置九宫格效果

2.2.2 视频的编辑制作

（1）视频素材的收集

短视频的内容是爆款的必备条件，优质的内容一方面要看创作者对信息的整合能力，另一方面要看创作者的素材挖掘能力。下面给大家推荐几个视频素材网站。

● 预告片世界

B站UP主（上传者）的常用网站，几乎可以下载所有上映和即将上映的电影预告片。素材全面而且高清，有时还会提供PSD海报，这个网站不需要注册就可以下载，非常方便。更方便的一点是预告片上没有字幕，省去了删减字幕的麻烦。

● 音范丝

一个专门提供电影素材下载的网站，可以在这里找到大量高清无水印的4K优质影片素材，另外还可以根据“影单”查看全球人气影视人物和作品详情，快速理清人物关系。

● **片源网**

这个网站将用户体验做到了极致。比如影片分不同画质，甚至可以用不同格式下载，而且无水印，对视频创作者非常友好。筛选功能优化得也很好，可以用类型、年代、国家等筛选影片下载。

● **新CG儿网**

致力于为广大影视后期设计师打造相互交流、分享作品与经验的互动平台。新CG儿网站同时还提供了免费AE模板素材下载和国内外CG佳作供使用者学习。

● **Coverr网**

非常强大的免费视频素材网站，库存海量，每周持续更新精美视频。

● **译学馆网**

此网站汇集了国内外的超多创意短视频，是做抖音取材的宝地之一。

（2）视频处理的工具

● **剪映**

剪映是抖音出品的免费的剪辑工具，为广大用户提供了非常便捷的制作流程，即使你是新手，也可以轻松驾驭它。剪映电脑版，目前已全平台支持。剪映电脑版能够对视频进行各种编辑，包括卡点、去水印、特效制作、倒放、变速等，还有专业风格滤镜，如图2-34所示。

图2-34　高质特效和滤镜效果

延续剪映移动端全能易用的风格，无论是剪辑师、学生、微录主（Vlogger），还是剪辑爱好者、博主，都能够迅速上手操作，制作更专业、更高阶的视频效果，如图2-35所示。

图2-35　全能易用

和剪映手机版相比，Mac专业版做了适配优化，支持多视频/音频轨剪辑，如图2-36所示，最高支持4K 60帧/秒视频编辑。界面同样非常简单，一般人都能快速掌握。

图2-36　多轨剪辑

最强大的一点是内嵌AI功能，能帮助用户智能识别语音和歌曲，自动生成字幕，如图2-37所示，对齐说话时间点，还能批量调整字幕样式。它还有文本转换语音、智能音乐踩点等功能。

其实剪映最大的亮点就是它拥有非常丰富的素材库，如图2-38所示，省去找素材、导素材的时间。

一个全能好用的视频编辑工具，能够帮助使用者轻松剪出美好生活，功能简单易学，轻松留下每个精彩瞬间。

- **快影**

快影是快手旗下一款简单易用的视摄剪辑和制作工具，如图2–39所示。快影强大的视频剪辑功能，丰富的音乐库、音效库和新式封面，可以在手机上就能轻轻松松完成视频编辑和视频创意，制作出令人惊艳的趣味视频。

图2–37　语音识别字幕

图2–38　丰富素材库

图2–39　快影

快影是用户编辑搞笑段子、游戏和美食等视频的优质选择，特别适合用于30秒以上长视频的制作。快影“剪辑”功能模块中有分割、变速、智能抠像、美颜美体、防抖、删除、降噪、画面定格、蒙板、复制、裁剪、替换、倒放、旋转、排序等功能，如图2–40所示。分割功能可以一键剪掉视频中的任意部分。变速功能可以改变视频作品的节奏，其中慢动作最慢0.2倍，快动作最快4倍。背景包含“缩放设置”“画幅比例”（原始｜9：16｜3：4｜1：1｜4：3｜16：9），“视频背景”（设置模糊效果，更换背景颜色，添加照片背景）。画中画功能可以在现有视频中添加视频或其他图片。动画功能可以设置视频入场动画、出场动画、组合动画等。灵活的视频修剪功能，轻松剪掉视频两端不想要的视频画面。倒放功能可以实现一键倒放，让作品反复播放。

快影“背景”功能模块中包含样式、模糊和比例，方便创作者个性化调整视频的背景，如图2–41所示。

快影的特效功能可以赋予视频特殊的效果，不同时间节点特效素材库也不一样。贴纸功能不仅可以使用系统的贴纸和收藏的贴纸，也支持从相册添加自己制作的贴纸。快影提供人

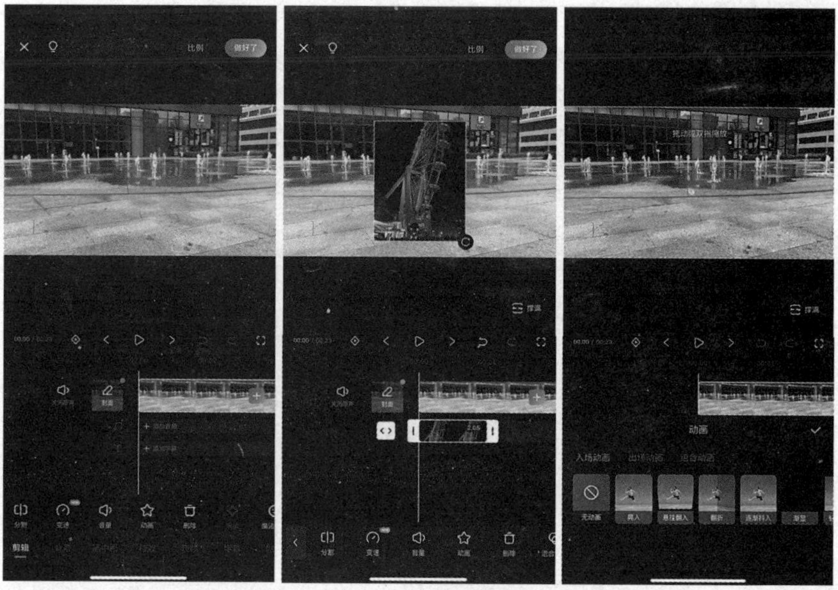

图2–40　剪辑功能模块

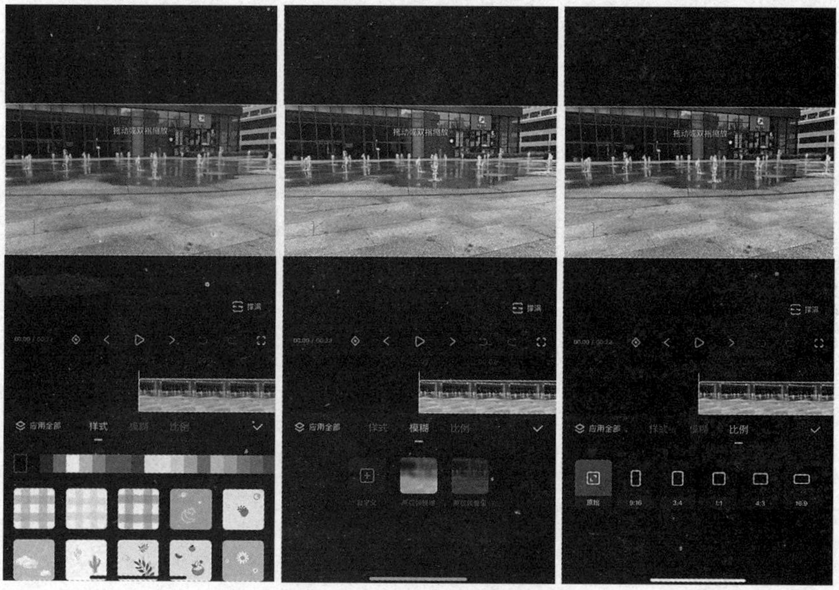

图2–41　“背景”功能模块

像、风景、电影胶片级的几十款精美滤镜，如图2–42所示。

快影的“音频”功能模块包含视频原声、音乐、快手收藏、音效、智能配音、录音等，如图2–43所示。快影内置大量音乐，可以添加多段音乐到视频作为背景音乐，让作品更具有表现力。同时还免费提供了多种多样有趣的场景音效，用于烘托不同场景的气氛。智能配音功能让创作者输入文本选择音色就可以生成配音效果，让创作更高效便捷，更有趣味性。

快影的“字幕”功能模块包含语音转字幕、加字幕、文字贴纸，如图2–44所示。语音转字幕功能通过软件对视频中的语音进行识别生成与画面对应的字幕文字，一键搞定，高效

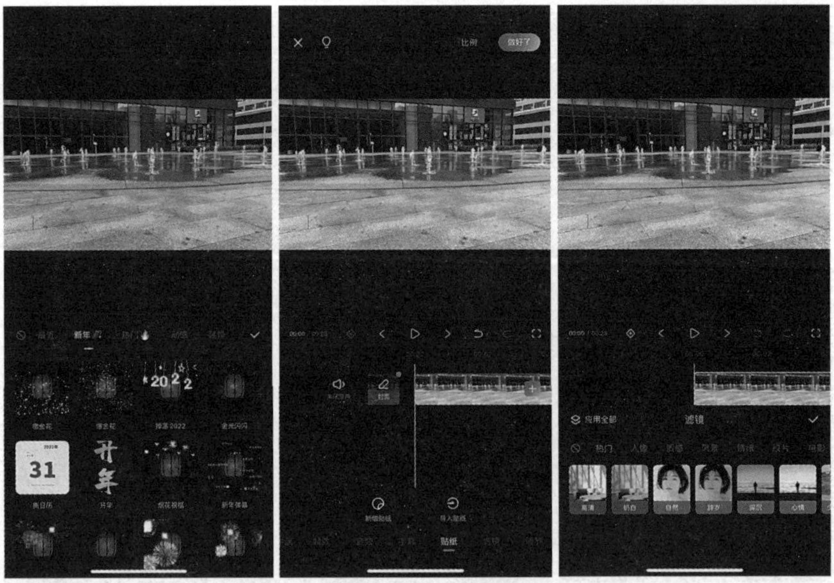

图2-42 特效、贴纸、滤镜功能模块

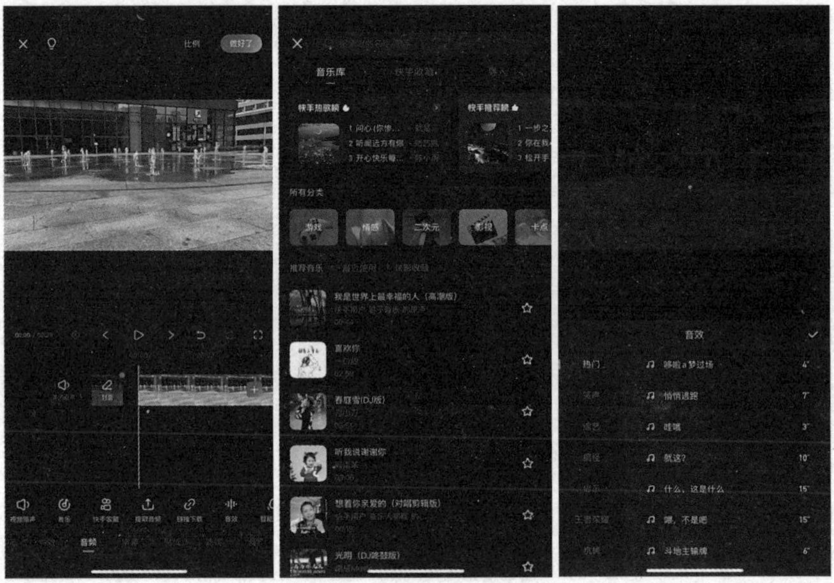

图2-43 “音频”功能模块

方便，创作者只需要修改错别字和字幕的样式即可。快影还提供很多漂亮的封面样式，给视频添加个性化的视频封面，让创作者的视频更有机会上热门。创作者若想给视频添加多段字幕，快影提供多种个性的字幕供选择。

（3）视频的处理

- **动画**

动画较规范的定义是采用逐帧拍摄对象并连续播放而形成运动的影像技术。不论拍摄

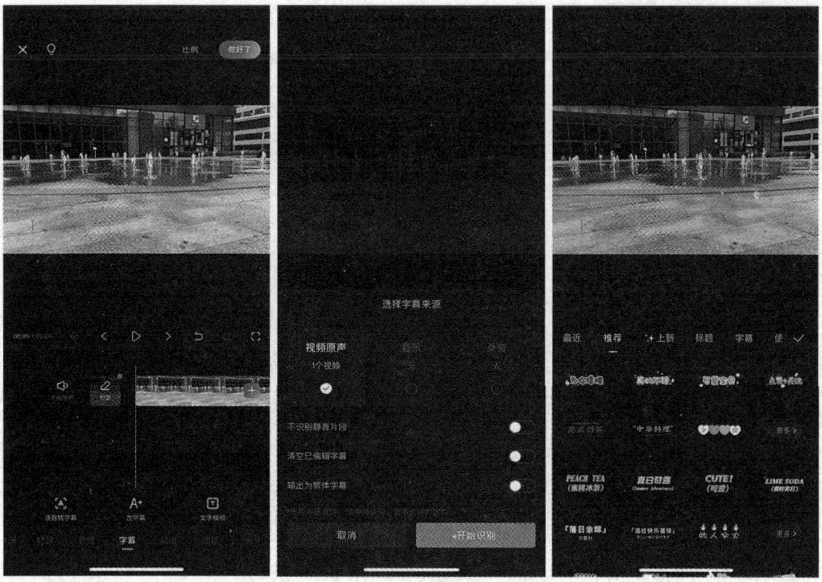

图2-44　“字幕”功能模块

对象是什么，只要它的拍摄方式采用的是逐帧方式，观看时连续播放形成了活动影像，它就是动画。在视频处理软件中，动画多用于一段视频的入场或出场效果，类似PPT的动画效果。

● **滤镜**

滤镜原本是一种摄影器材，安装后，可以实现特殊的效果，比如渐变、柔焦、星辉、色彩等。有“电子暗房”之称的Photoshop在软件里使用了“滤镜”的概念，是现实中“滤镜”含义的引申，即通过效果不同的滤镜让图像呈现出不同的风格化效果，因为生动形象，软件大都喜欢沿用这一概念。说简单点，可以直接理解成特效。比如在视频处理软件中，添加一个老电影滤镜，视频画面发暗、泛黄、有噪点、闪烁；添加一个铅笔画滤镜，视频画面就有了铅笔手绘的效果。

2.3 视听语言表达基础知识

2.3.1 视频剪辑流程

（1）熟悉素材

很多时候需要我们拍摄很多条素材，以供后期剪辑的时候进行筛选。因此剪辑师拿到前期拍摄的素材后，一定要将素材整体看一到两遍，熟悉前期摄影师都拍了哪些素材，对每条素材都要有大概的印象，方便接下来配合剧本整理出剪辑思路。只有对素材熟悉了，才能在剪辑的过程中更加得心应手。比如这个场景需要一个空镜头进行转接，这时如果剪辑师脑海中有这些素材，那么他便不需要再额外增加工作量将素材再看一遍，只需要按照脑海中适合的那个素材进行剪裁即可。

（2）整理思路

在熟悉完素材后，剪辑师需要结合这些素材和剧本整理出剪辑思路，也就是整片的剪辑构架，这个工作可能会和导演一起探讨完成，剪辑师会提一些建设性意见，帮助导演共同完成。因为在前期拍摄的时候，导演一般都是会写好一个分镜头脚本，然后根据脚本来进行拍摄，一来是为了拍摄的时候更加有头绪，相类似的场景可以提前一起拍掉，二来是剪辑的时候能够更好地满足导演的需求。但是在实际的拍摄过程当中，导演可能会临时增加自己的想法导致分镜头脚本内容会有些许不一样，所以在剪辑之前需要与导演进行沟通。剪辑师是不能完全依靠自己的想法进行剪辑的，所以一定要在剪辑之前整理好整个剪辑的思路。

（3）镜头分类筛选

有了整体的剪辑思路之后，接下来需要将素材进行筛选分类，最好是将不同场景的系列镜头分类整理到不同文件夹中，这个工作可以在剪辑软件的项目管理中完成，分类主要是方便后续的剪辑和素材管理。这个工作能够给剪辑的时候带来便利，因为在拍摄的时候会有很多镜头是相似的，甚至会有一些是不理想的视频，但是在这些视频里可能又会有一些剪辑点可以穿插在视频当中，所以在这样的情况下，对素材进行分类能够带来极大的便利。

（4）粗剪

将素材分类整理完成之后，接下来的工作就是在剪辑软件中按照分类好的戏份场景进行拼接剪辑，挑选合适的镜头将每一场戏份镜头流畅地剪辑下来，然后将每一场戏按照剧本叙事方式拼接。这样整部影片的结构性剪辑就基本完成了。在粗剪的环节中，整个视频框架、情节是完整的，整个故事线也同样是完整的，但是视频的质感还是很粗糙的，只是把整个框架和故事根据内容剪辑出来。

（5）精剪

确定了粗剪之后，剪辑师还需要对影片进行精剪，在原先粗糙的视频基础上进行一些节奏和氛围上的增加，就像是一幅画，原先是打了草稿，后面再进行上色，使得整幅画变得完美。精剪是对影片节奏及氛围等方面做精细调整，对影片做减法和乘法：减法是在不影响剧情的情况下，修剪掉拖沓冗长的段落，让影片更加紧凑；乘法是使影片的情绪氛围及主题得到进一步升华。

（6）添加配乐、音效

合适的配乐可以给影片加分，配乐是整部影片的重要组成部分，对影片的氛围节奏方面也有很大影响，比如一个紧张的画面，如果不增加一些能够使人紧张刺激的音乐，那么就无法很好地带动观众的情绪，就好像恐怖片之所以这么令人惊悚，配乐的功劳一定不可忽略，所以好的配乐对于影片至关重要，而音效则使影片在声音上更有层次。

（7）制作字幕及特效

影片剪辑完成后，需要给影片添加字幕及制作片头片尾特效。字幕的作用就是一个简单的说明，方便观众观看。就短视频而言，片头片尾的特效能够使得视频更加完美并有大片的即视感，能够增加视频的质量。

（8）影片调色

所有剪辑工作完成之后，需要对影片进行颜色统一校正和风格调色，一般情况下会由专业的调色师来完成，因为调色相对于剪辑来说更难。

（9）渲染输出视频成品

最后一步是将剪辑好的影片渲染输出，也就是导出视频成片。这个时候成片就已完成。

2.3.2 镜头组接原则

（1）动作组接的流畅性

视频当中镜头的动作组接应注意流畅，不要让观众感到有打结或断断续续的痕迹出现。不能为了剪辑而剪辑，只是对视频进行强硬剪辑，然后片段与片段之间的衔接十分生硬。因此，在进行组接时要选好一个剪接点，特别是导演在拍摄时要为后期的剪辑预留下剪接点，方便后期制作。

（2）情与景组接的充分性、时间性

视频中镜头的情绪既可以表现在人物的喜、怒、哀、乐中，也可以表现在景物的色调、光感以及其面貌上，所以情与景是相互之间有所影响的。在对视频中镜头的情和景的镜头进行组接时，应该注意：要善于利用以景传情和以景衬情的镜头组接的技巧。然后对于情绪衔接时，应该留足情绪里面的镜头，加长视频中情绪的镜头画面。比如在一些比较抒情的电影中，很多都将情绪的镜头画面留的时间比较长，尤其是在结尾的时候，会直接跟上一个长镜头的风景，不仅增加了画面的美感，还可以给观众留下无限遐想的空间，能够在无声中流露出更多的情感并由此产生共情。

（3）镜头组接的节奏性

视频中镜头动作和节奏的联系是很密切的。比如动作片当中，一些追逐场面、枪战场面和打斗场面，镜头的节奏表现得最为突出。一旦一个节奏没有对上，那么整个打斗场面都是废镜头，不能够很好地把观众带入进去。这样的剪辑节奏能带给观众一种紧张、眼花缭乱、心扑通乱跳、节奏非常快的感觉，同时这种短小快速的节奏，再辅助一些快节奏的配乐更能带动观众的情绪。

（4）镜头组接要遵循“动接动，静接静”的规律

不论动作还是情绪镜头组接中要遵循“动接动，静接静”的规律，这是视频中镜头组接最重要的原则。假如视频画面中人物的动作是连贯的，那么可以继续接着动作，这样画面的组接就会非常顺畅。如果视频画面中人物的动作是不连贯的，那么这两个镜头的组接应该将前一个的画面动作停下来后组接一个静的镜头。两个都是静态的镜头组接时可以适当增加转场。当固定的画面与运动的画面进行组接时，同样需要遵循“动接动，静接静”的规律。比如：一个运动的画面要组接一个固定的画面，那么运动的画面要有一个过渡的画面再去组接。一个固定的画面要组接一个运动的画面，那么运动的画面前要有一个过渡的画面。

2.3.3 视频的风格与调性

在选择做短视频之前，要想好到底要做什么样的视频，因为现在视频的类型有很多，选择一个和自己相关并且自己熟悉的视频形式，并加上创新点才是最好的。

（1）动画

动画的制作相对来说是最费经费的，并且动画的制作水平一眼就能看得出来。在视频风格和色调方面，动画视频提供了很多灵活性，这些视频中有些依赖于角色驱动整个故事，有些使用一个个图标、图形来构建引人入胜的故事，还有一些提供的是产品运行的第一人称视图。不管前景如何，动画视频都很可能会增加成本。它变得越来越复杂（角色、颜色、动画元素等），制作时间越来越长，成本也越来越高。

（2）真人视频

真人视频是最常见到的视频形式，即真人出镜拍摄的视频。虽然真人表演在媒介中有一些限制，但是随着无人机的普及，数码相机的使用已经脱离了空间的限制。而且，世界范围内的视频内容制作商呈爆炸式增长，选择也越来越多。另一个棘手的挑战可能是天气，除非想要达到刮风或雷雨的效果，否则这些自然事件会严重影响预算和拍摄时间。

真人视频的风格也会有更多的呈现形式，比如纪录片，这类视频都是以第三人称的方式讲述故事，或者完全通过视觉效果来讲述故事。还有就是剧情片，也就是我们常看的电视剧和电影的形式，而短视频中这类剧情片也有很多，但是相对于电视与电影来说，时长上进行了压缩，就相当于短篇小说和长篇小说的区别。

在剧情片中还有很多风格形式。首先是故事型，有新意、有创意的故事型视频总是能够吸引观看者的注意力，特别是故事脚本好，且传播正能量，能够引起人们共鸣的故事，是当下比较受欢迎的。有些视频的时间有限，不可能一集拍完，因此很多视频创作者就会将故事

拆分，作为一个系列，这样不仅能够吸引观看者，也能引起他们的好奇心理。其次是反差型，看过短视频的观众都知道，视频前期主人公比较穷苦、凄惨，而后期通过自己的努力实现逆袭。最后是“鸡汤”型，这种类型的视频大多数都是传播正能量的，能让人深入其中，引起共鸣。

2.3.4 背景音乐的节奏匹配

视频的配乐有时是一件让人颇为头痛的事，因为它没有固定的公式套路，需要根据视频的内容、情绪的表达、节奏的安排去选择音乐，而且通常是主观意识。常常一首歌曲不能完全表达，需要多首歌曲混剪在一起才能达到想要的效果，多首歌曲会更有表现力，情绪表达能更丰富一些。

虽然视频的配乐很大程度上是主观情绪主导，但还是有一定的理论和轨迹可循的。首先要对视频熟悉，短视频可以拉到时间线上进行粗剪，通常在这一过程中熟悉素材，并构思视频结构，安排故事情节。粗剪后，要清楚剪辑的视频是哪种类型的，表达的是什么情感；再分析一下视频的节奏，是快节奏，还是慢节奏或者是有快有慢的，然后根据节奏感匹配视频时长去搜寻音乐。

（1）节奏感

旅拍类视频的节奏和情绪大多是由背景音乐来带动的，不同于叙事类视频。它的视频画面节奏和音乐匹配度越高，画面越有冲击力。粗剪完成后，基本上就是在节拍上下功夫了。

一般的音乐，会以8拍为基数，4个8拍为一个小节，而每个小节之间都会有转拍，转的时候，也是音乐换层次的时候。在剪辑的时候，添加音乐之后可以看到音乐的波形图，根据波形图，可以对音乐的节点把握得很清楚。精剪的时候，踩着节拍去切换画面，会让画面更带感。

（2）张弛有度

张弛有度的视频会更精彩，所以选择背景音乐时，整体节奏也要有舒缓和高潮，高潮部分可以是开头、中间或者结尾，这要根据视频的节奏去安排。一般慢节奏的音乐、轻音乐适用于长镜头；快节奏的音乐、比较强烈的音乐适用于多镜头切换剪辑。如果视频节奏过快或者音乐过慢，可以利用变速的方法调整视频或者音乐速度，以匹配音乐的节奏。快节奏的地方，让画面切换也快一些，使画面如行云流水般随着音乐律动。

（3）使用纯音乐

在寻找背景音乐的时候尽量找纯音乐，或者国外音乐，如果歌曲能听懂，观众容易进入歌词的境界中，那么会对视频本身的感受产生一些不利影响，因为并不是所有视频和歌曲的内容都能配得上的。纯音乐自身所带的情感色彩并不多，包容性更强，用于视频背景会更搭。

2.4 新媒体应用知识

2.4.1 新媒体与新媒体营销

新媒体产业联盟秘书长王斌对新媒体的定义是：新媒体是以数字技术为基础，以互动传播为特点，具有创新形态的媒体。创新形态的媒体区别于报刊、户外、广播、电视四大“传统”媒体，所以新媒体也被形象地称为“第五媒体”。新媒体包括：手机、平板电脑、电脑、IPTV（交互式网络电视）等。

传统媒体（电视、报纸等）是单向的、一对多的媒体，而新媒体（手机、电脑等）是可以多对多、交互式的媒体。所以说，新媒体是以网状互动传播为特点、以网络为载体，进行信息传播的媒介。数字技术是一项与电子计算机相伴相生的科学技术，它是指借助一定的设备将各种信息，包括图、文、声、像等，转化为电子计算机能识别的二进制数字“0”和“1”后进行运算、加工、存储、传送、传播、还原的技术。

新媒体营销是指利用新媒体平台进行营销的模式。新媒体营销对新一代用户群体的影响力正在不断上升。新媒体是继传统媒体之后，在互联网背景下出现的媒体形态，用户从过去被动接受的角色转变为可自主创作的作者与读者身份。2019年移动社交用户规模达到7.8亿，中国各行业新媒体营销大多数仍以图文形式为主；到了2020年，短视频用户规模超过10亿，抖音、快手、西瓜、火山、Bilibili等短视频平台已经成为新媒体平台主流，人人都可以通过这些平台成为内容的创作者和分享者。同时这些生产内容的新媒体平台开始与电商平台不断融合，而电商平台也不断拓展内容营销功能，让新媒体平台与电商平台不再界限清晰，两者不断融合，随着5G技术和人工智能技术（AI技能）的发展已经发展成为智能媒体平台。

新媒体最常用的营销方式有8种，如图2–45所示。

①病毒营销：利用大众的积极性和人际网络，让营销信息像病毒一样进行传播和扩散。

②事件营销：利用有新闻价值、社会影响以及名人效应的人物或事件，通过策划、组织等技巧来吸引媒体、消费者的兴趣和关注。

③口碑营销：创造新颖的口碑传播内容。

④饥饿营销：可以有效提升产品销售，并为未来大量销售奠定客户基础，同时也是未来对品牌产生高额的附加价值，从而为品牌树立起高价值的形象。

⑤知识营销：通过有效的传播方法和合适的传播渠道，将企业所拥有的对用户有价值的知识传递给潜在用户。

⑥互动营销：抓住彼此双方的利益共同点，找到其中巧妙地沟通时间和方法，将彼此紧密地连接在一起。

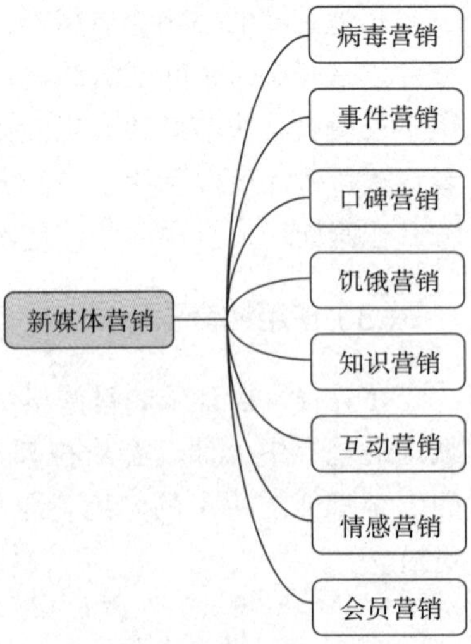

图2–45　新媒体营销方式

⑦情感营销：把消费者个人的情感差异和需求作为企业营销推广的战略设计。

⑧会员营销：通过对消费者、潜在客户的信息挖掘来细分客户，并对相应的用户采取更为合适的促销手段。

2.4.2 新媒体分类

新媒体的分类可以从两个维度进行，如图2-46所示，按宣传展示的载体可以分为H5、直播、视频、图文信息、音频；按宣传展示和互动及传播的窗口可以分为：社交型（微博、微信等）、自媒体平台（大鱼、今日头条、网易号、一点等）、论坛社区（百度贴吧、兴趣部落、豆瓣、垂直App等）、问答平台（知乎、百科、分答等）、直播视频平台（抖音、快手等）和其他平台（喜马拉雅、陌陌、垂直行业平台App等）。

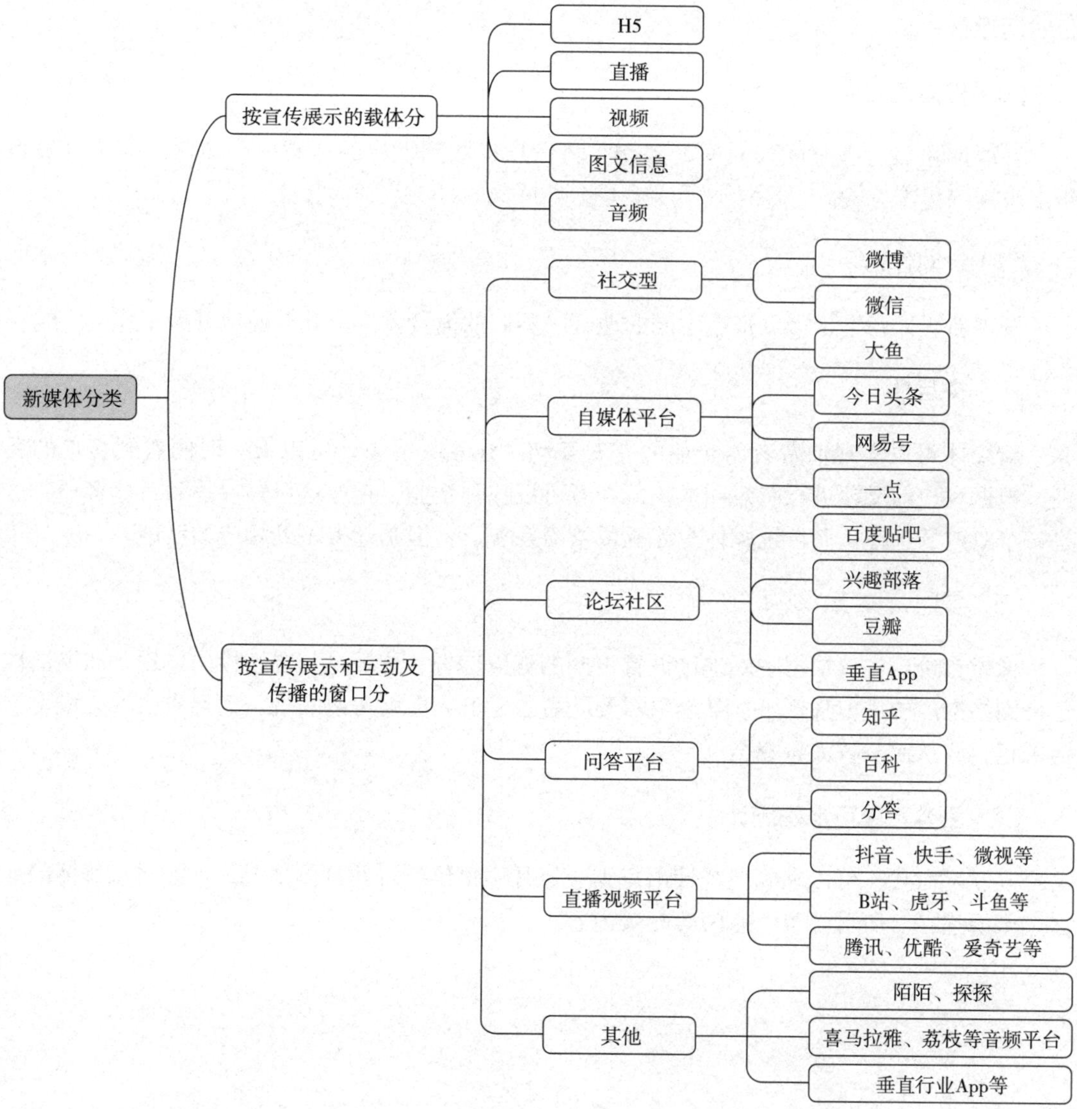

图2-46　新媒体分类

2.4.3 新媒体的特征

国内的网络市场呈现飞速增长的局面，市场前景十分广阔。众多企业开始走进网络市场，新媒体成为大家的必选之地。那么新媒体究竟有哪些显著特征呢?

（1）强烈感官性

传统媒体中电视感官与视觉冲击力比较强，而网络营销同样可以做到。还可以根据不同的消费群体，以图、文、声等多种形式，对消费者产生强烈的感官冲击效果。

（2）保留时间长

就保留时间而言，这是传统营销无法企及的。就像众所周知的“9·11”事件，杂志报纸大家都看到过，但是具体的资料没有几个人知道吧。可是新媒体就不同了，各种资料可以长时间保存。

（3）传播范围广

互联网可以打破空间与时间的限制，将信息扩散到世界的任意一个角落。完全打破报纸、电视等传统方式。

（4）针对性强

开展新媒体营销，可以根据不同的地区、不同的消费者，有针对性地开展工作。

（5）交互性

新媒体可以实现消费者与企业的有效互动。在互联网中，可以第一时间看到客户的反馈，根据客户的反馈进行有效回复。消费者可以找到企业，企业也可以寻找到目标客户，这是一个双向的选择。而传统媒体只能提供给潜在客户，但是却得不到相应的反馈。

（6）实时、灵活、成本低

像做竞价广告，根据不同地区设置不同的竞价广告，这就是其灵活性的体现。而灵活性也使网络推广的成本降低了，甚至只需要花费一定的人力就可以实现，而且省去人工成本、店铺租金，从而节省大量资金。

（7）受众数量可准确统计

互联网时代，可以准确地统计出每天、每月、每年广告的具体情况，比如受众群体的地区、来源途径、所看内容、时间等相关内容。

2.4.4 新媒体发展的趋势

随着5G、人工智能等新技术的推动，未来新媒体将呈现以下发展趋势。

（1）数字媒体时代到来

中国信息通信技术发展速度非常快，分值早已超越全球平均水平。数字媒体飞速发展促进中国成长，网络强国建设的步伐越来越快，围绕《中国制造2025》，推动互联网和数字技术与经济社会融合发展。

（2）智能互联加速前进

随着智能家居和产品的发展、5G等新技术的推动、智能语音交互系统的落地，音频内容使用场景会得到迅速拓展。同时，数字音频的伴随性和收听性，在满足儿童、中老年等特定人群需求上具有优势，或许将成为智能互联时代的重要入口，消费场景和模式也将不断多元化。

（3）媒体融合创新发展

媒体融合战略发展系统性创新成为重点。传统媒体在技术的冲击下将会面临更多的挑战，纸媒的停办、重组，区域整合还将继续。传统媒体在与新媒体融合发展的过程中要坚持新媒体思维，坚持移动和智能优先，坚持发挥优质内容的优势。在融合发展实践中，新媒体和媒体融合发展评估指标和体系增多，媒体融合发展需要科学、客观的评估体系。

（4）互联网内容建设逐渐规范

中国互联网巨头纷纷抢占新赛道，内容已经走向规范化、健康化建设，一些主流话语体系建设取得初步成就，全网阵地意识都在加强。新技术带动互联网应用边界不断扩张，为互联网人带来更多机遇。

（5）内容付费成为盈利热点

在“后真相”时代，呈现客观事实、深度信息的报道显得格外珍贵。不仅是在新闻媒体领域，在任何新媒体产品领域，内容的价值都不容忽视。随着内容付费领域的不断拓展，知识IP和知识领袖不断涌现，短视频和音频将成为内容付费行业的主要产品形式。然而，如何确保知识付费产品的高打开率将成为一个重要问题。内容付费也成为将中华优秀传统文化创造性输出的一个新方式。

（6）社交化产品成为新势力

随着微信生态功能的持续完善，电商各平台的激烈角逐，电商的社交化当前大热。拼多多、小红书、有赞、云集等社交电商模式有效解决了传统电商获取流量难的问题，通过充分挖掘用户个体和社群价值，以信任和人脉为核心有效进行商品和平台推广。社交电商催生了新零售，充分发挥了社交化这一新媒体产品的核心功能。借助小程序等社交媒体平台，以“社交电商”为代表的社交化产品将不断发展。

（7）政务新媒体不断自我整合，服务功能逐步“实化”和“具化”

在国家倡导“互联网+政务服务”、政务资源互通共享后，可以预见全国政务新媒体功能将会更加完善，不同部门间的信息壁垒将会被逐渐打通，人们网上办事将会更加便利。在平台建设初步完成后，政务服务的效率与质量提升迫在眉睫。

（8）直播和短视频仍处于黄金发展赛道

当前，互联网企业纷纷入局直播赛道，直播功能成为社交、电商等移动应用标配。“直播+”造就出万物皆可直播的景象，直播和短视频赛道红利显著。同时，直播、短视频等领域的网络监管将会快速跟进并不断严格化，持续发挥公益价值、社会价值。

第二篇
专业知识

第3章

工作准备

知识目标

1. 了解直播前需要准备的各种事项与流程。
2. 掌握直播活动前期的直播内容策划、宣传准备。
3. 认识直播相关的软件、硬件设备以及掌握直播间的搭建方法。
4. 学会直播前的风险评估和预案准备。

技能目标

1. 能够针对直播主题运用网络搜索工具进行直播文案的搜集。
2. 能运用图文信息发布的技巧。
3. 灵活应用收集样品的方法。

职业素养

1. 能根据自身的直播需求进行直播间的搭建策划。
2. 培养成本意识和危机意识，以及考虑问题的全面性。
3. 锻炼学生不同设备和平台操作的实践能力。

3.1
宣传准备

宣传是一种专门服务特定议题（议事日程，Agenda）的信息表现手法。在西方，宣传原本的含义是“散播哲学的论点或见解”，但现在最常被放在政治脉络（环境）中使用，特别是指政府或政治团体支持的运作。同样的手法用于企业或产品上时，通常则被称为公关或广告。这里的宣传是指直播的宣传或者直播预告，每位主播可以使用自己喜欢的方式，将与直播内容相关的产品、文案推广到自己的粉丝圈。好的直播宣传会让直播间产品的销量越来越高，直播间产生的利润也就越来越大，进一步提升了直播间主播的销售动力，形成了一个良性循环的网络市场。

3.1.1 图文素材搜集的方法

素材指的是作者从现实生活中搜集到的、未经整理加工的、感性的、分散的原始材料。这些材料并不能都写入作品之中。但是，这种生活“素材”，如果经过作者的收集、提炼、加工和改造，并写入作品之后，即成为“题材”了。

素材包含图片素材和文字素材。

图片素材，顾名思义就是能够供我们使用、设计、加工、改造的一些图片，它属于设计素材。

图片素材一向是被设计师所创造的，每当一位设计师在创作一个作品时，无意中也为大家提供了设计素材，比如某幅《新年快乐》的平面设计图片，上面有与新年快乐相关的设计元素，与此同时又有人需要制作同一主题的作品，那么他就可以引用已有的设计元素，于是新年快乐这个素材也就有用武之地了。设计行业内的素材分类很多，每个行业都有自己专属的素材类别，可以根据自己的类目进行图片素材的检索搜集，不过在使用图片素材时，一定要注意版权相关的问题。

文字素材是指软文素材或者写作素材，简单地说就是写作当中可以借鉴应用到文案脚本当中的一些相关的字词、句段。比如一些名言警句、历史典故、成语寓言、诗词、古今人物语录、格言、谚语等，还可以是当下的一些热词、热梗、热门事件等。

在互联网或者直播电商广告中，常常会以没有详细交代事件开始或者结果的语言去吸引网络用户的眼球。比如“点击领取优惠”，当用户点开之后发现进入的页面是一个服装打折促销的商铺，商铺中的主要信息是各类服装的图文内容和相关价格，文案宣传中所谓的领取优惠也只是商铺里面的通用优惠券。

想要将与直播内容相关的产品、文案推广到自己的粉丝圈，图文素材必不可少。我们可以通过哪些方式收集呢？

图片素材的获取途径及方法很多，一般有以下7个途径：

①从数码相机直接导入（包括将以前使用胶卷拍摄的老照片进行翻拍）。

②从网上下载。

可通过百度搜索所需的有关图片网页，也可通过其他摄影网站获取精美的图片。

图片下载保存方法【A】：鼠标选中图片→单击鼠标右键→下拉菜单→【图片另存为…】→【保存图片】对话框→分别确定该图片的保存途径位置和文件名以及格式【JPEG（*.jpg）】→【保存】即成，如图3-1所示。

图3-1 保存图片

③从众多幻灯片中下载。下载方法同【A】，所不同的是选中幻灯片上的图片。

④从图片素材光盘或网盘上获取。

⑤从E-mail 和论坛、博客上获取。

一般可先将E-mail（论坛、博客等）上带图片的文档，复制、粘贴至Word文档文件，然后再从Word文档中提取所需图片。方法如下：首先打开该文档文件→鼠标右击所需图片→【复制】；然后打开PowerPoint→将该图片【粘贴】至幻灯片页面上；最后再按上述【A】的方法下载图片。

⑥截图。

使用浏览器或微信等社交办公软件带有的截图功能下载图片。

⑦自行绘制。

可以使用绘图软件，如Photoshop等绘制图片。

3.1.2 网络搜索工具使用方法

目前最常见的搜索引擎是百度，还有360、搜狗、夸克等。

此外，微信端也增加了“搜一搜”功能，支持热点新闻、百科、问答等资讯搜索，目前微信搜一搜已整合优质公众号文章，并与Zaker、知乎、豆瓣、糖纸、马蜂窝等平台合作提供深度的内容服务。与此同时很多短视频App也加入了搜索框的功能，使用人次急速提升。

使用搜索工具，可以更好、更快速地找到自己需要的内容，下面以百度搜索为例。

第1种是使用双引号搜索，如图3-2所示。

第2种是使用“书名号”搜索，如图3-3所示。

第3种是“空格”搜索。如果你在搜索资料的时候，需要搜索的是包含两个或者两个以上的关键内容，就在关键词之间打上空格，这样会让搜索的内容更加精准。比如搜索同时包含齐白石和虾的内容，出现的搜索结果就会是与之相关的精准内容，如图3-4所示。

第4种属于文件类型搜索。比如想搜索关于跟齐白石先生相关的论文或文章，直接搜索齐白石 filetype：doc即可，如图3-5所示。

当然现在也可以直接在百度文库里面进行相关搜索，如图3-6所示。

图3-2　双引号搜索

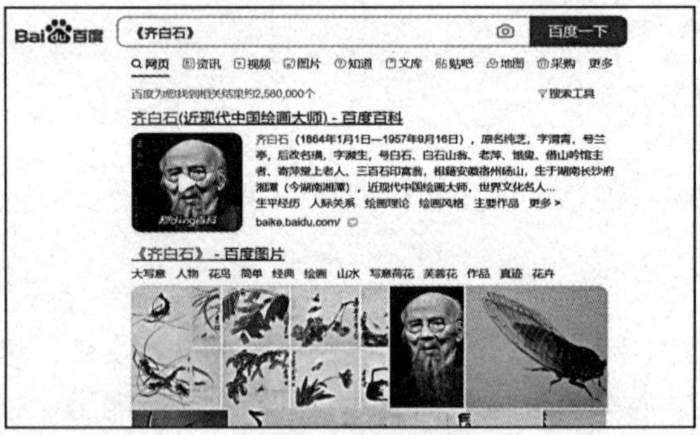

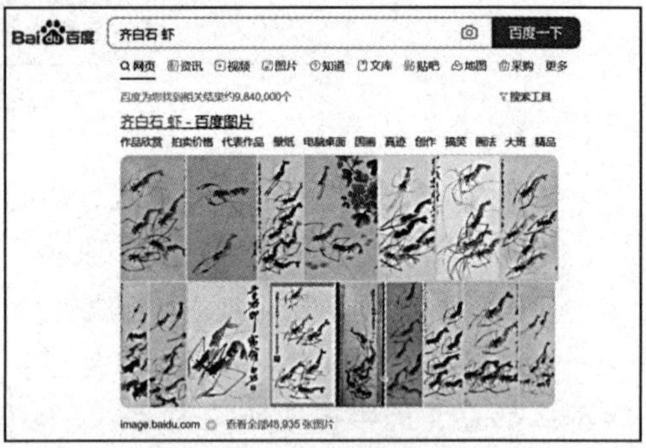

图3-3　书名号搜索　　图3-4　空格搜索

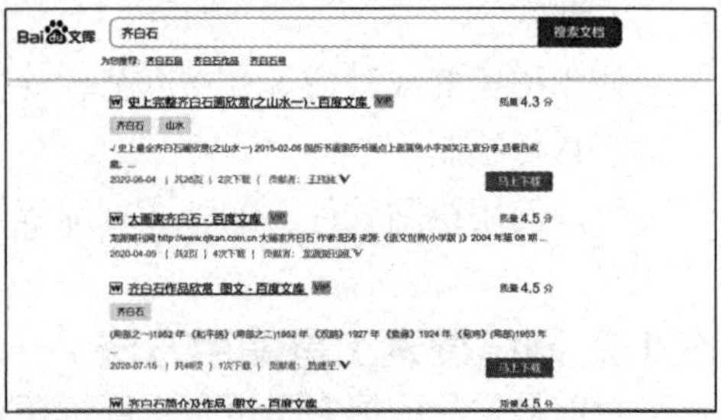

图3-5　文件类型搜索　　图3-6　直接搜索

3.1.3 图文信息发布的技巧

直播的图文信息发布与订阅号、服务号图文信息发布的方法基本上是一样的，这里以拼多多平台为例进行图文信息发布技巧的讲解。

①选择发布信息的平台，如图3-7所示。

②进入平台后，选择“直播”板块，如图3–8所示。

③点击“发布”，如图3–9所示。

④根据页面跳转会进入图文编辑板块，选择更换封面，如图3–10所示。

封面的图片可以是主播的头像，也可以是自己编辑的产品组图。

⑤选择好心仪的封面后就可以编辑标题或者文案了，直接点击“标题框”输入文字。

⑥确定主题后点击“开始直播”，图片和文字就发送出去了。

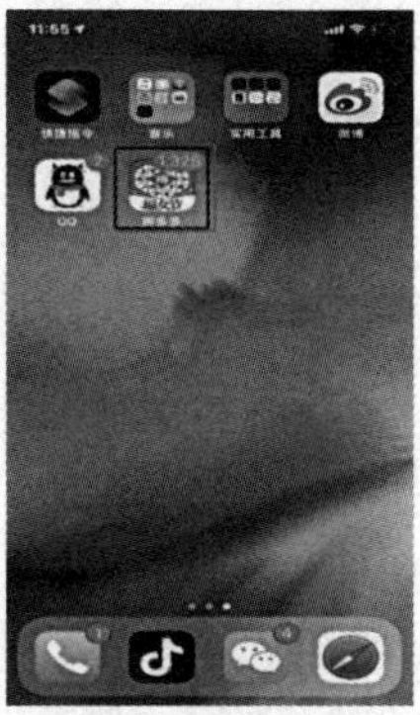

图3–7　拼多多App

图3–8　直播入口

图3–9　发布

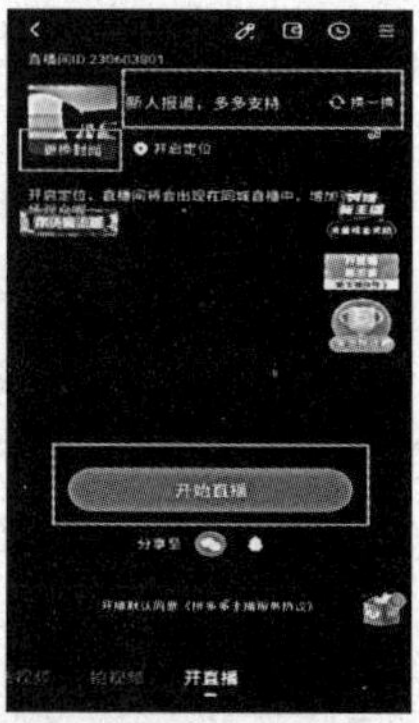

图3–10　编辑信息界面

3.2 设备、软件和材料准备

要完成一场直播，一定离不开直播硬件设备、直播相关的软件以及样品材料，这些配置都是必不可少的。

3.2.1 软件的下载安装方法

在默认的情况下，软件分为系统软件和应用软件两种。系统软件主要用于管理计算机系统中的硬件，是应用软件和硬件之间的桥梁。软件的管理主要包括安装软件、卸载软件、软件的升级和软件中组件的添加等操作。

一般情况下，应用程序的安装过程是大致相同的，安装过程大致分为以下几个步骤：运行软件的主程序、接收许可协议、选择安装路径和进行安装等。有些收费软件还会要求添加注册码或产品序列号等。

学习软件的操作，首先要做的就是安装软件。安装软件分为免注册和需注册两种，两者的区别在于前者不会在系统中加入注册信息，会随着系统的重装而不能使用，而后者则不会有影响。

目前主播使用较多的第三方直播工具主要有OBS Studio、Xsplit等。OBS Studio和Xsplit这两款软件本身功能较强大，但针对中国主播的用户体验改善却有些滞后，特别是Xsplit主营的付费版本。除此之外，还有各种直播平台推出的直播伴侣软件，例如抖音直播伴侣、快手直播伴侣等，直播伴侣是各平台官方推出的专业主播助手类软件，这类工具的使用更简单，与平台的适配度也更高，只需要主播输入推流地址即可开始直播。最后还有直播中控台，它是配合主播做运营的后台操作的软件，例如商品的上下架、道具礼品的派送等。

（1）安装免注册软件

免注册软件的安装过程比较简单，只需把要安装文件的压缩包进行解压，在解压的文件夹中可以看到它的启动文件（.exe格式的文件），直接双击该文件即可完成软件的安装工作。

以安装 Adobe Photoshop CS5 标准版为例进行讲解，具体操作步骤如下：

①右击选择需要解压的绿色软件Adobe Photoshop CS5.rar，在弹出的快捷菜单中选择【解压到Adobe Photoshop CS5】菜单命令。

②此时会在所在的目录中显示解压的Adobe Photoshop CS5文件夹，右击该文件夹在弹出的快捷菜单中选择【打开】菜单命令。

③接下来进入 Adobe Photoshop CS5 文件夹窗口，在其中找到Adobe Photoshop CS5文件，并双击运行该文件。

④然后就会直接启动该软件，进入打开该程序的主界面。

（2）安装需注册软件

大部分电脑安装需注册软件都是用Windows系统下载安装程序，所以首先要打开安装包，然后设置安装相关选项，包括路径、组件和个性设置等。

下面以安装OBS直播助手为例，演示一般注册软件的安装方法与步骤：

①在OBS官网找到OBS直播助手软件，下载完成之后，双击下载的安装文件，会弹出警告对话框，直接单击【运行】按钮。

②接下来会弹出【安装向导】对话框，需要在查看软件的相应安装协议之后，确认没有异议，则勾选【我已阅读并同意软件许可协议和青少年上网安全指引】的选择框，单击【下一步】按钮。

③然后根据自己的需要可以调整【自定义安装选项】和【快捷方式选项】，单击【下一步】按钮。接下来就会弹出【请选择安装路径】对话框，在其中输入软件的安装路径或选择系统默认的路径，单击【安装】按钮。

④系统将自动进行安装并显示安装的进度。

⑤在安装完毕之后，将会弹出【完成安装】对话框，单击【完成】按钮，即可完成软件的安装。

软件安装完成后，打开多多直播，点击登录账号，登录账号之后，点击开播，按相关的提示步骤将直播链接和推流码填到OBS上即可开播。

3.2.2 硬件的安装调试方法

一场直播的硬件设备中，最基础的配置是手机、支架和补光灯。一般只要有了这三个基础设备，就可以随时随地开始直播。但是在直播竞争激烈的当下，如果只有这些基本的设备还远远不够。许多平台的主播为了提升粉丝们在直播间的购物体验，还是会选择用电脑直播。电脑直播在稳定性、画质音质、功能应用上都比手机表现好，配置外部摄像头、灯光设备、声卡、麦克风和耳机可以带来非常高清的直播效果，这是很多淘宝、抖音以及其他平台的头部主播和大主播首选的直播设备配置。

接下来一起了解基本能用到的设备以及安装调试方法。

（1）手机

手机直播要保证画面的清晰稳定，还要保证内存充足、摄像头像素高、性能稳定，大部分主播都会选择性能和流畅度不错的手机，配备512G或者以上的内存。手机可以准备两台：一台用来直播，另一台看评论以及演示下单流程。

用手机直播时，尽量打开勿扰模式，关闭其他消息通知，避免聊天工具或者其他信息提示等影响直播效果。直播前要调试好直播App，下载或更新到最新版本的直播软件，确保新的功能可以正常使用；其次还要调整或设置好直播App的基础设置，比如允许直播软件使用麦克风功能，前置和后置摄像头可以正常切换，并把美颜和滤镜调试到最适合主播的程度。

（2）电脑直播设备

如果是选择用电脑来直播的话，电脑的配置要求就要好一点，CPU不要低于i5系列，最好i7，因为如果电脑配置过低，可能导致卡顿或音画不同步，直播间的粉丝体验就会不好，台式机配置大主板，有PCI插槽，这样可以插独立声卡，否则只能配外置声卡。

（3）外置摄像头

目前市面上直播的摄像头分两种：一种是自带美颜功能的摄像头；另一种是高清摄像头。要选择适合自己直播风格的，首先自带美颜摄像头最擅长的是遮瑕，可以很快满足一般人直播的需要，不过大面积的磨皮相对会失去较多细节，画面就相对会模糊一些，如果同时还要展示产品就会失真。所以现在大部分主播还是会选择高清摄像头，因为它的细节还原度比较好，展示的产品与人物面部明暗细节更多，让画面感觉更加真实，结合布光调整达到的效果是比较好的。

摄像头起的作用就是美化皮肤、增强视频效果、通过各种虚拟视频插件实现视频效果的美化。一款效果不错的摄像头能为主播带来很大的收益。目前市面上使用程度最高的摄像头品牌是罗技，如图3–11所示。

摄像头设备的安装调试非常简单：首先，通过USB接口，把摄像头连接到电脑上面，安装软件程序，根据要求把摄像头夹在电脑上，安装好退出就行了。可以打开可视频软件，例如QQ，开启视频通话，这时摄像头指示灯就亮了，看到有画面后可以根据自身需要微调一下焦距就可以使用了。

图3–11　罗技摄像头

（4）摄像机直播

摄像机直播属于专业化直播用到的设备，它能在视频摄像端保证较高的直播质量，可实现高清直播、大场景直播，这就会用到摄像机和视频编码器，网络可根据现场网络条件采用有线、无线、5G均可。

直播设置也比较简单，将视频编码器一端连线摄像机，一端连线网络，并为视频编码器配置好直播地址，专业化网络直播即可开启。

（5）灯光设备

一套完整的灯光设备包括环境灯、主灯、补光灯以及辅助背景灯，通过直播要求去合理布局，共同打造一个光线充足却不刺眼的直播间。

环境灯起照明的作用，负责整个直播间的亮度，一般是直播间的顶灯或者LED灯。主光源起辅助作用，用来辅助主播脸部和产品所收到的灯光保持均匀，光线柔和，给观众舒适的视觉感受。

补光灯就是在做直播时用来为主播或者直播间补光的灯，直播带货多为室内直播，所以就需要补光灯增加直播间亮度以及美感，给直播间粉丝更好的直播视觉体验。补光灯起到的是一个美颜的作用，例如，让主播的皮肤看起来细腻有光泽，一般都会用圆圈补光灯，既能补光又能柔光。打亮主角左边脸部。大数据显示，主角脸部左边比较上镜，所以直播间的主光一般都往左边打，反之则往右边打。

辅助背景灯一般安装在主播身后的背景上，打开背景灯，明暗对比使得画面更加立体。

除此之外不同类目的直播间，灯光色系要有所区别，如服装鞋靴和护肤彩妆直播间灯光多为白色系冷光，目的是为了保证服装和护肤品的最佳展示状态；而食品类直播间灯光建议选择暖色系灯光，目的是衬托美食的色泽，让观众感觉更有食欲。

有条件的主播，直播间的灯光设置更加复杂，市面上的灯光设备种类十分繁多，不同形状的灯效果也不一样。

球形柔光灯的作用是打亮主角正面以及整个空间。因为球形灯光线是360°，可以直接散发到整个空间中去，如图3–12所示。

环形的补光灯目前是普遍使用的，如图3–13所示，可调暖光、白光、柔光。它的主要

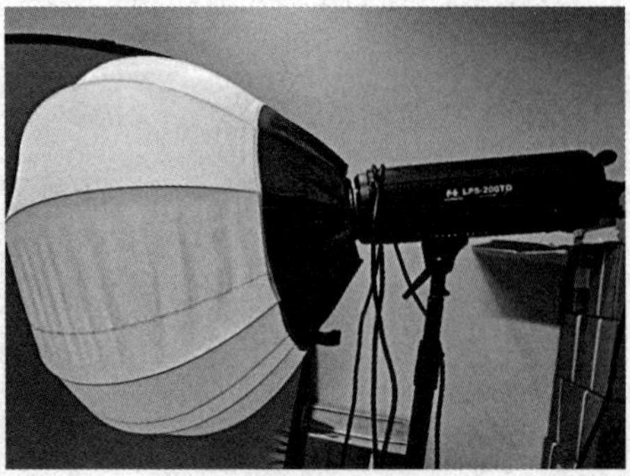

图3–12　球形灯

图3–13　环形灯

作用是打亮主播脸部，让主播更好看一些，也就是俗称的美颜灯，大小一般在10~18英寸，可以根据直播场景进行选择。

（6）支架

支架的款式非常多，有多个机位（手机+声卡+麦克风+补光灯）一体的，也有分开单个独立的；有落地的、台面的、手持的，等等，根据自己的需求选择即可，重点考虑直播支架的可伸缩性和可扩展性，以及稳定性和便捷性。

（7）声卡

目前声卡有两种：录音声卡和直播声卡，录音声卡强调“录制”，讲究声音的高还原度，这类声卡一部分支持直播功能，使用软件操作，连接比较复杂，专业歌手主播通常会选择这一类声卡，如图3-14所示。

直播声卡强调的是“声音美化”，附带直播互动功能，连接和使用简单，硬件操作和软件操作均可，比较适合大众直播。

声卡的安装都比较简单，直接连接在电脑上即可。

（8）麦克风

分为动圈麦和电容麦，直播一般用电容麦，当然，不同麦克风适用场景也不同：动圈麦灵敏度低，拾音范围小，不需要电源供电，适合户外直播使用。电容麦音质清晰、灵敏度高，分为5V和48V，5V电容麦使用门槛和环境要求比较低，一般的手机声卡和电脑声卡可以直接连接使用，无须额外供电或调试，如图3-15所示。

48V电容麦需要额外提供电源，同时对使用环境要求较高，需要比较安静的环境，一般用于室内直播。

（9）耳机

耳机的功能主要是用来监听主播的声音，分为入耳式和头戴式，一般入耳式的就可以，根据需要可选择双插头、加长线的。安装也很方便，直接连接电脑，不需要调试。

图3-14 带声卡的麦克风

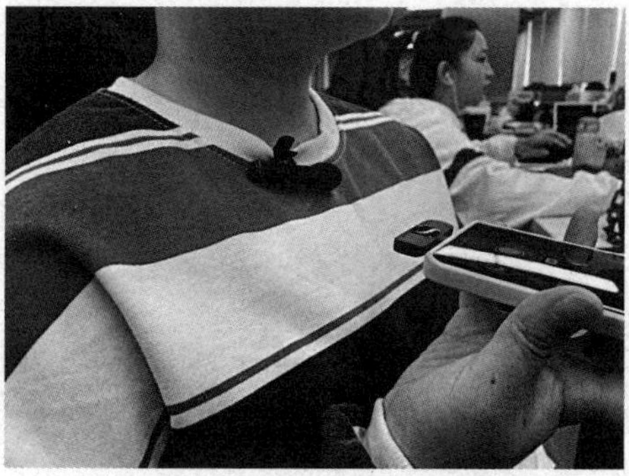

图3-15 连接手机的麦克风

3.2.3 样品搜集的方法

样品是能够代表商品品质的部分实物。这里的样品是指自己直播间将要售卖产品的小样，也是主播售卖产品之前用来展示、体验商品的实物。作为主播，了解选品也是非常重要的一环，它关乎粉丝们的体验感以及消费者的权益，所以每一个商品必须自己提前体验。因为样品作为商品的品质代表展示时，它还代表同类商品的品质、性能、外观造型、结构特征、色彩、大小、味觉等方面。

样品的体验是为了保障产品质量、降低交易风险，通过看样和拿样，帮助买家找到最可靠的产品货源，而对于不同类型的直播机构或者主播，产品来源各不相同。产品是直播电商不可缺少的要素，从前期选品、样品邮寄，到体验都需要直播团队下很多功夫。

那么如何去搜集样品？首先就要了解它的来源，主要可以通过第三方平台、自营品牌、供应链三种方法获取产品，其中自营品牌需要头部主播才能完成，而供应链模式对于资金的需求也比较高，需要有一定能力以后再尝试，刚刚开始的商家达人可以选择分销、合作模式来获得货品。

第三方平台，一般适合没有货源的个人主播，可以选择在拼多多、抖音精选联盟、淘宝联盟、京东等电商平台推广商家的产品赚取佣金。

比如：拼多多，开通直播账号之后接入多多进宝，即可帮店铺带货。

多多进宝是拼多多平台下的一个商品推广网站，拼多多的商家在上面设置佣金进行付费推广，商家把想卖的货放在平台上，主播利用自己的流量通过直播帮商家卖货赚取佣金。

自营品牌，比较适合头部主播或者有实力的大主播。因为他们有着较强的粉丝或者品牌效应，可以自营品牌或通过招商的方式与其他品牌联名，这种方式利润高，但对主播的个人要求也高。

供应链，适合MCN机构和头部主播。MCN机构和头部主播可以通过私信、商务联系以及对外招商的方式建立货源渠道，也可以自己去一些产品的货源地拓展供应链，这样建立起来的货源渠道比较稳定，但是相对应的投入也会大一些。

有了选品的渠道后要考虑选品的方法。

（1）基于行业产品热点选品

- **热销产品**

选品时要关注市场情况，最好是多关注当下热门的商品，掌握第一手趋势新品。

如果自己这方面不是特别擅长，可以多关注各大电商平台的热销榜单，从中选取合适的产品品类或产品，如图3–16所示。

- **当季产品**

在每一个季节都有相对应畅销的产品，粉丝或者用户们到相应的季节就刚好会买这些东西，比如夏天主播可以推荐空调，小风扇、凉席等产品，冬天就可以推荐保温杯、护手霜、羽绒服等产品，这些高频、刚需的快销产品，都是直播电商的最佳产品选择。

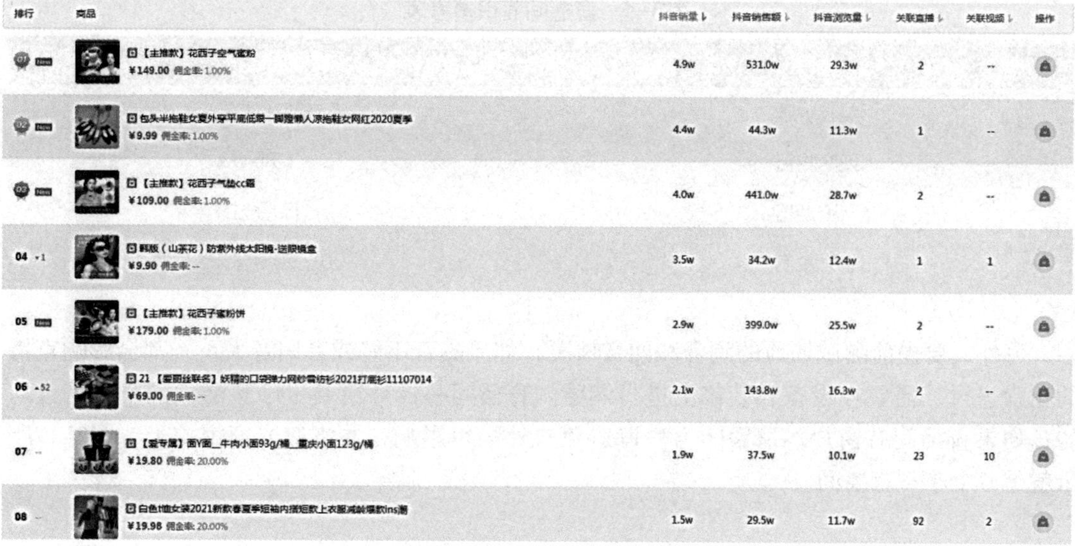

排行	商品	抖音销量	抖音销售额	抖音浏览量	关联直播	关联视频	操作
01 New	【主推款】花西子空气蜜粉 ¥149.00 佣金率:1.00%	4.9w	531.0w	29.3w	2	--	
02 New	包头半拖鞋女夏外穿平底低跟一脚蹬懒人凉拖鞋女网红2020夏季 ¥9.99 佣金率:1.00%	4.4w	44.3w	11.3w	1	--	
03 New	【主推款】花西子气垫cc霜 ¥109.00 佣金率:1.00%	4.0w	441.0w	28.7w	2	--	
04 ▾1	韩版（山茶花）防紫外线太阳镜-送眼镜盒 ¥9.90 佣金率:--	3.5w	34.2w	12.4w	1	1	
05 New	【主推款】花西子蜜粉饼 ¥179.00 佣金率:1.00%	2.9w	399.0w	25.5w	2	--	
06 ▴52	21【爱丽丝联名】妖精的口袋弹力网纱雪纺衫2021打底衫11107014 ¥69.00 佣金率:--	2.1w	143.8w	16.3w	2	--	
07 --	【爱专属】面Y面_牛肉小面93g/桶_重庆小面123g/桶 ¥19.80 佣金率:20.00%	1.9w	37.5w	10.1w	23	10	
08 --	白色t恤女装2021新款春夏季短袖内搭短款上衣服减龄爆款ins潮 ¥19.98 佣金率:20.00%	1.5w	29.5w	11.7w	92	2	

图3-16 抖音直播热销商品榜（来源：飞瓜数据）

（2）针对直播间粉丝需求

主播在直播过程中，粉丝会在直播间跟主播互动或者在评论区提出自己对产品的需求，助播或运营可以收集这些粉丝们提出的产品需求，在后期的直播中进行相关产品安排。

（3）保证产品品质

选品最重要的一点就是产品品质，直播间能长远发展下去的基础就是来自粉丝的认可，但是如果粉丝在直播间购买的产品品质出现了问题，粉丝们就会很快脱粉。所以在选品时，一定要选择产品本身实际使用效果非常好，甚至能够超出价格预期，而且性价比高的产品，这样粉丝才会一直信任主播，关注主播。

（4）优先选择品牌产品

建议选择有一定知名度的产品，因为这一类产品已经有一定的质量保障，对于主播可以避免售后问题，也能提高直播间转化率。

3.2.4 道具场地选择方法

（1）直播间场地

除特殊的“走播”外，一般直播时最好能有固定的位置，尽量是独立的空间，能保证隔音效果。其实直播场地不一定要很大，一般直播间的面积会根据类目各有不同，基本上可以控制在5～50平方米。比如说个人主播场地标准可以为3～12平方米，而团队直播场地标准可以为20～40平方米；美妆直播间5～10平方米的小场地即可，但是穿搭、服装类的直播，要选择15平方米以上的场地，具体可以参照表3-1。

表3-1　直播间面积参考表

类目	直播间面积
美妆护肤	5～20平方米
视频吃播	10～15平方米
服饰潮搭	15～50平方米
家居生活	20～50平方米

另外，要提前测试场地的隔音和回音情况，如果隔音不好或者回音太重，都会影响直播的正常进行，需要在设备和装修上进行调整。直播间整体环境要干净整洁，光线充足且均匀；如果直播间有窗户，请紧闭窗户以避免户外噪声影响，并将遮光窗帘拉上，图3-17所示就是一个小型直播间。

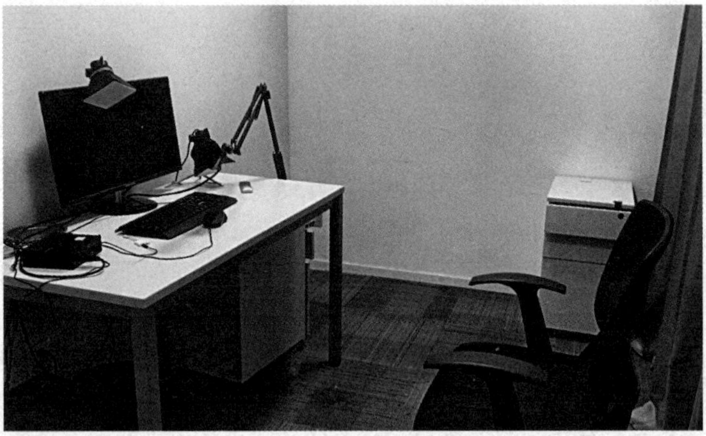

图3-17　小型直播间

（2）直播间背景

直播间背景是当用户进入直播间后，在视觉上呈现的第一感受，直播间背景总体要求是干净、明亮、整洁、大方，背景墙纸需选用浅色或纯色的背景布，若不选用背景墙纸，直播间背景整洁干净也可以。

- 纯色背景

目前纯色背景墙以灰色系偏多，因为灰色系是一个比较中立的颜色，整体看起来比较简约，可以和任何色彩搭配，不容易出错。另外灰色是比较适合摄像头的背景色，不会曝光太严重，如果是纯白色墙会曝光比较严重，灰色就不会如此，而且视觉上灰色会比较舒适，有利于突出像服装或是美妆的妆容以及一些产品的颜色。如果是纯色的背景墙，可以在背景墙上加上品牌Logo，看起来比较简洁大方。

- KT 板背景

KT 板的好处在于使用比较灵活，成本低，更新容易，可以随时换背景，不用等装修的时间，比如“618”“双十一”这样的优惠专场，主播就可以把这些信息用 KT 板展示出来作为直播间背景。

● 电子屏、幕布、绿幕背景

绿幕加抠图（图3-18）可以后期合成出各种复杂的特效背景，当没有讲解产品的时候，可以设置为一个夜景或其他场景，这种虚拟的背景图可以增加直播间的纵深感，让直播间在视觉效果上变大；在讲解产品的时候，就可以播放展示产品的一些细节、优惠活动，或者名人代言广告等。

图3-18 绿幕背景

● 真实场景

把直播间搬到工厂、仓库、原产地，或者布置一个真实线下购物店的场景，凸显自己的货源优势，增加顾客的信任感并促进下单，让直播的场景和产品、人设保持一致。

● 特定活动布置场景

特定节日或者活动，可以提前做一些布置，为了烘托氛围可以布置一些与节日相关的元素，突出节日感，让用户感受到今天是个特殊的日子，可以犒劳一下自己，节日打折不能错过。

（3）直播间陈列柜

货品陈列柜的目的是让用户更加清晰地看到直播间的商品，其次也是为了方便主播对商品进行讲解。同时，还能增加直播间的专业度，让用户产生更多的信任感。

（4）直播间布局

不同类目的直播间在布局上有着不同的讲究，不仅要考虑镜头前主播的状态，更要对将要呈现的产品作针对性布局处理，力求主播、产品、环境之间达到最和谐的状态。

①美妆/食品/百货直播间，可以采用如图3-19所示的布局。

这一类直播间宜背景简洁，灰色或深色背景优先。摄像头范围的背景里，避免直接光源，光源（包括射灯）用小瓦数，减少画面曝光，室内直播有2盏中等功率以上环形灯最好。直播应坐姿端正，整体位于画面中心，脸部位于画面中上部，摄像头要能拍到人物上半身，画面上方到刚好露出头顶，画面下方到胸部以下，腰部以上。

②服装类直播间可以采用如图3-20所示的布局。

这一类的直播间要留出足够的主播展示空间，全身出镜画面可用背景布、背景墙对房间进行装饰。

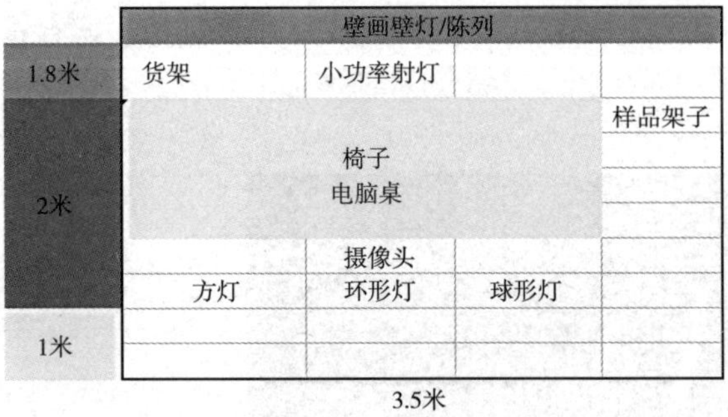

图3-19　美妆/食品/百货直播间布局

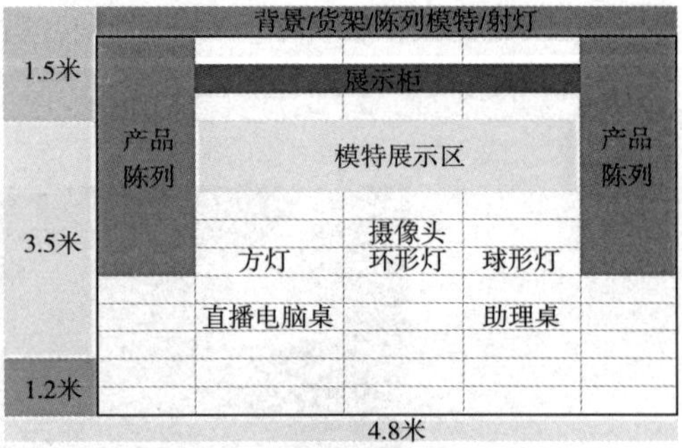

图3-20　服装类直播间布局

（5）线下物料准备

准备直播间可能用得到的一些工具及设备，如A4纸、提字白板、马克笔、序号牌、电视墙、KT板（手持卡）等。

3.3 风险评估

什么是风险评估？是指一件事情发生之前或之后（但还没有结束），对能给人们的很多方面造成的影响和损失的可能性进行量化评估的工作。直播中很多事件都会导致风险出现，然后变成直播事故，掌握风险出现的逻辑，梳理每一个流程能很好地规避故障和风险的发生。

3.3.1 简单故障的解决方法

直播中难免会遇到一些不可避免的故障，有些情况是临时出现的，需要立即处理，而有些情况，却可以通过自己提前检查做到避免发生。那么在直播中有哪些故障类型，又怎么解决呢？

（1）软件故障解决

①直播间网络异常。直播毕竟是需要有一个流畅的网络才能顺利进行，所以在做任何准备前都应该检查网络情况，确保直播间的网络是畅通的。一般直播间最好是准备单独的网

络，其他办公人员不要连接，另外直播前可以准备流量热点以作备用。

如果直播时发生此类问题，先检查是否是因为欠费引起的网络异常，再检查相关网络端口是否松动，如果直播间网络短时间无法判断问题就先换另一条网络使用，排查完问题后再换回。

②商品上架问题。主要会出现上传图片不符合要求、商品名称不符合要求、内容描述不符合平台要求（夸大宣传）、虚假宣传、链接有问题、临时被下架、佣金价格错误、库存设置不合理、配送地址问题（超范围）等问题，遇到此类问题就必须安排运营及时根据平台要求做好调整，马上改正即可。

（2）硬件故障解决

①手机问题。用手机直播时，尽量打开飞行模式，避免聊天工具或者其他信息提示等影响直播效果。直播前要调试好直播App，下载或更新到最新版本，确保新的功能可以正常使用；调整或设置好直播App的基础设置，比如允许直播软件使用麦克风功能，前置和后置摄像头可以正常切换，并把美颜和滤镜调试到最适合主播的程度。一定要接上充电器避免直播时断电关机。

②灯光问题。灯光对于直播间非常重要，一套完整的基础灯光设备通常由1个主灯、2个补光灯和辅助背景灯组成。每一个光源都有不同的作用，主灯主要是为了让整个房间有亮度，而不是局部；补光灯主要是为了让画面更柔和，主播的皮肤看起来有光泽、细腻。现在很多直播间使用的都是主播专用的圆圈补光灯，既能补光又能柔光；辅助背景灯一般安装在主播身后的背景板上，作用是装饰和烘托氛围。当直播间里的灯光不尽如人意的时候，也可以通过调节背景灯作为灯光的补充，所以日常对灯具设备的检查也很重要，开播前一定要调试。

③电脑、麦克风、声卡问题。这些设备也是直播间的常用设备，开播前进行调试，排除异常情况即可，如果硬件设备临时出现问题直接更换新的设备直播。

（3）产品问题解决

产品主要是围绕直播间售卖产品的样品，因为直播前要对样品进行体验、检查和测试，那么就要确定所有样品的寄送情况。要知道样品是否到库，团队是否体验，有没有进行直播测试（避免直播中不会使用导致翻车），直播中的样品有没有统一的归类、整理摆放在直播间，主播是否知道位置等，要解决此类问题最好的方式就是直播前核对直播脚本，把所有流程走一遍。

（4）团队问题解决

这个问题主要是指人员配合的问题，有没有各司其职，对本场直播的脚本是否清楚，有没有一起对过脚本，避免流程中出现错误。

3.3.2 营销过程中法律法规的风险判断方法

互联网日新月异的发展使得网络直播行业短时间内迅速风靡，呈现出蓬勃发展的态势。

鉴于网络直播平台进入门槛较低，在整个行业成长的过程中开始逐渐出现一些存在法律风险的直播行为，相关文化管理部门已经逐渐开始加大对其的管理和约束，所以新媒体下网络直播的法律风险防范是必须要了解的，相对的对策可以概述为三点：第一，建设完善的网络直播管控机制；第二，构建行业企业自律机制；第三，提高网民与主播媒介素养，以期推动网络直播领域的健康良性发展。

不管是直播机构还是主播团队，在营销过程中对法律法规的风险都需要有一定的判断。要知道直播营销，首先就离不开产品，所以在选择产品时就一定要注意所有的商品一定要符合质量检验认证，要检查供应商资质是否齐全，授权链条是否完整，是否符合进入直播间售卖，只要是不符合国家产品质量要求的就不能上直播间销售。除此之外，直播平台也会对要上架的商品有相应的资质要求，且不同类目商品需要提供的资质也会不一样。

另外，在直播间销售产品，特别要注意销售用语不能涉及平台禁止的敏感词与违反广告法的违禁词，最后就是要遵守各个平台的相关规范。

目前各个直播平台也有了相关的规范和要求。

（1）淘宝直播基本规则

①严禁发表反党反政府的言论，严禁有侮辱诋毁党和国家的行为。

②严禁直接或者间接传播涉黄、涉暴、涉毒等语言或者任何疑似行为。

③严禁通过任何方式展示枪支、管制刀具等。

④严禁以任何形式宣导微信号，包括在直播、视频内容里，也包括评论内容。

⑤严禁直播过程中有吸烟、喝酒或展示暴力等内容，严禁有羞辱性、歧视性的谩骂等语言。

⑥严禁未成年人发起直播。

⑦严禁有各类恶意广告宣传、恶意广告发布等行为，或者评论里发布广告。

（2）抖音直播基本规则

- 抖音行为准则

①禁止危害国家及社会安全。

②禁止开展、传播违法犯罪行为。

③禁止涉及危险行为、易造成人身伤害内容。

④禁止不合格的医疗内容。

⑤禁止违背诚信与真实性。

⑥禁止传播不良价值观。

⑦禁止危害未成年人安全。

- 直播标题

①标题包括但不限于购物袋标题、第三方平台商品标题、直播间标题。

②标题应该以描述商品本身属性为目的，标题中各商品属性内容应客观属实，且与实际商品和商品详情页相关联。

③标题中禁止使用夸大或误导性的极限词。

④标题不得重复关键词或出现与商品名称、品类无关的关键词。

⑤禁止使用“点击领红包”“点击参加抽奖”“点击看美女”“你的通讯录好友”“ta正在关注你”“530万人看过”等引导点击的内容。

⑥禁止使用“倒闭”“滞销”“亏本”“清仓”“挥泪大甩卖”等夸大促销性相关信息的词汇。

⑦分享的商品信息应与直播过程中展示商品一致（包括品牌、款式等）。

⑧其他法律法规、平台规定禁止出现的内容。

● 主播语言规范

①避免地方口音过重的直播风格，一定要保证说的内容是大家都能够听明白的，理解到位的。

②口播避免使用极限词汇，不然，很容易就会出现“虚假宣传”“购物袋商品下架”等之类的直播警告。

● 主播行为规范

①避免抽烟喝酒的行为甚至是动作模仿，直播间出现喝酒、劝酒、酒瓶等与酒相关的也是不可以的。动作模仿也是危险的，可能被举报或直接被停播，收到直播间风险提示。

②避免容易引发误会的产品示范动作。

③避免换衣服或产品体验中不慎走光。特别提醒做女装直播的主播，因为女装直播经常要换衣服，换衣服的时候一定要离开镜头，就算你里面穿了打底或者背心之类的，也不要直接在镜头前面换，因为领口过低，也算抖音直播违规。

第 4 章

产品信息收集

知识目标

1. 了解产品销售信息汇总的方法。
2. 理解样品选择的重要性。
3. 理解竞品分析的三个方面。

技能目标

1. 能够利用搜索引擎进行产品销售信息汇总。
2. 初步掌握市场调研的基本方法。
3. 初步掌握样品选择的基本方法。

职业素养

1. 培养产品的甄别与选择能力。
2. 把握与商家协商谈判的关键要素。
3. 训练学生基本的文案能力。

4.1
市场调研

市场调研是运用科学的方法，有目的、有计划地收集、整理、分析有关供求、资源的各种情报、信息、资料。直播行业有效的市场调研可以把握供求现状和发展趋势，为制定营销策略和企业决策提供正确的依据。

4.1.1 产品销售信息汇总的方法

（1）搜索引擎

搜索引擎是搜集信息资料的重要渠道之一，用搜索引擎查找信息资料需要使用恰当的关键词和一些搜索技巧。目前国内主要的搜集引擎有如下10个，近期还有行业型搜索引擎出现，需找专业型行业资料可以使用行业型搜索引擎。

百度：https://www.baidu.com

搜网：http://www.sowang.com

搜狗：https://www.sogou.com

有道：https://www.youdao.com

由于每个搜索引擎都有一定的局限性，可以把要搜索的关键词在多个搜索引擎都试一下，可能会搜到你意想不到的结果。大家对国内的搜索引擎基本都很熟悉，尤其是百度，需要搜索同一主题的资料，不同的人所搜出来的结果可能就天差地别了，主要原因在于如下两点。

①搜索关键词的选择：假如要搜索大数据行业发展相关资料，直接在百度上搜索“大数据”，结果非常多，其中还有很多广告，无法进行筛选。这时就可以对关键词进一步界定，如“大数据行业”“大数据市场规模”“中国大数据产业”“大数据技术”“大数据企业”等，需要不停地变换搜索关键词，直到查到满意的搜索结果。在查找的过程中可以根据查找结果再对关键词进行修正，修正有些名称的专业表达方式，因为最开始对一个未知事物的搜索表达不一定准确。

②搜索技巧：主要是针对百度等搜索引擎的一些高级搜索技巧。

常用技巧主要有如下几个方面：

文件类型搜索：使用filetype，如在百度中键入“filetype:pdf 大数据”搜索出有关大数据pdf格式内容，而且这些文档基本都是可以直接下载的。还可以变换为其他的如“filetype:doc”“filetype:ppt”“filetype:xls”等，注意其中的冒号为英文格式的冒号。

定位于哪个网站上搜索：使用site，如在百度中键入“大数据 空格 site:sina.com”，则在

sina.com搜索有关大数据的一些资料信息，这个特别适用于针对某些信息可能在哪些网站上出现的一个快速搜索方法，注意冒号也是英文的，网站名称不用加www。

精确匹配搜索：使用“”，如在百度中键入“大数据行业”，表示搜索“大数据行业”五个必须连在一起的资料，如果不加“”，搜到的为大数据及行业两个词并列显示的结果，没有这么精确匹配。

限制性的网页搜索：使用intitle，如在百度键入“intitle：大数据”，限定于搜索标题中含有“大数据”的网页，如果输入“intitle：大数据 市场规模”限定于搜索标题中含有“大数据”和“市场规模”的网页。

（2）数据库

数据库是研究人员重要的数据来源之一，目前研究用的数据库主要分为两大类：一类是商业数据库；另一类是学术数据库。

- 商业数据库

商业数据库大多为金融投资所用，主要分为国内与国外数据库两大类。

①国内商业数据库。

国内商业数据库主要有万德、恒生聚源、CSMAR数据库、锐思数据库、巨潮数据库等。万德数据库主要定位于国内高端客户，市场占有率较高，在80%左右，当然其售价也较高。恒生聚源定位于机构客户，性价比较高，售价要比万德便宜得多。CSMAR数据库定位于学术机构与高校，其中金融数据比较全。锐思数据库定位于学术机构。巨潮数据库为深交所旗下数据库，有一定的特殊优势。

②国外商业数据库。

国外商业数据库主要有彭博、路透社、CEIC、OECD、Haver Database、Thomson Financial One Banker等，其中彭博是比较大而全的，在国内销售也较好，但是售价奇高。一般不做国际市场研究，大多用不到国外数据库，毕竟国外数据库公司对国内的行业数据及公司数据不如本土数据库公司做得好。

- 学术数据库

学术数据库基本为高校、研究机构所用，也分为国内与国外两大类，学术数据库中一些学术论文、行业数据、统计年鉴还是有用的，缺点就是其中有些数据相对较旧，无法做到实时更新。

①国内学术数据库。

中国知网：国内最大的学术数据库，包括期刊、学位论文、统计年鉴等。

万方数据：仅次于中国知网，包括期刊、学位论文等。

人大复印资料：期刊、论文等。

维普：期刊、论文等。

中经网：有较多行业研究报告，宏观数据较全。

②国外学术数据库。

EBSCO：较全的一个数据库，其内包含较多的商业数据。

Elsevier：学术文章全，更新速度快。

（3）共享文库

共享文库的出现，使得搜集信息方便了许多，最早的共享文库有豆丁、百度、爱问等，随后又出现了许多新的共享文库，不过很多文库规模较小，文档数量较少。以下简要介绍主要共享文库。

①百度文库：国内文档数据量最大的共享文库，综合型。

②豆丁文库：其收费的盈利模式导致用户数量逐年减少，文档质量不如百度文库。

③爱问共享：综合型文库，里面也时常能够发现好的行业研究报告，电子书籍等。

④道客巴巴：综合型文库，后起之秀，文档数量和质量较好。

⑤智库文档：以管理、行业文档为主，质量较好。

针对以上国内的共享文库，都可以通过注册账号，上传分享资料赚取积分，通过积分可以下载文库资料。如果有些文档看过后不错，想保存下来但积分不够，可以通过文库下载器来免费下载保存，文库下载器有冰点文库下载、易读下载等，如果只看重其中一部分内容，可以通过QQ拷屏方式保留下来（登录QQ，Ctrl+Alt+A拷屏）。

（4）专业论坛

在共享文库出现以前，专业论坛一直担任着查找资料的好去处，的确国内的一些论坛经过这么多年的运营，已经积累了大量有用文档，如人大经济论坛等。

（5）政府部门

政府部门是国内公开数据的来源，查询权威的数据可以到政府相关部门网站，以下介绍国内的主要发布相关数据的政府部门。

国家统计局：http://www.stats.gov.cn/。

中华人民共和国工业和信息化部：https://www.miit.gov.cn，较多数据在此发布，尤其是有关工业运行及信息化相关数据。

中国人民银行：http://www.pbc.gov.cn/，中国金融市场政策及运行相关数据。

中国银行保险监督管理委员会：http://www.cbirc.gov.cn，银行保险相关数据。

中华人民共和国海关总署：http://www.customs.gov.cn，中国进出口相关数据。

国家知识产权局：https://www.cnipa.gov.cn，专利相关查询。

中国证券监督管理委员会：http://www.csrc.gov.cn，相关政策及招股书披露平台，以及拟上市公司排队每周披露。

（6）交易所

交易所主要提供的是相关证券的募集说明书、年报和重大交易公告。

上海证券交易所：http://www.sse.com.cn/。

深圳证券交易所：http://www.szse.cn/。

全国中小企业股份转让系统（新三板）：http://www.neeq.com.cn/。

（7）其他渠道

除以上介绍的几种资料搜集渠道外，结合近年IT技术的发展，还可以去相关行业协会网站、公众号、微博等去搜索。

行业协会网站：每个行业协会基本都会有网站，在该网站上能够查找一些对本行业的描述、行业相关数据等。

博客：国内有网易、新浪、和讯等博客网站，有些数据也可以从博客中搜索找到。

微博：新浪微博、微盘及腾讯微博，用户量很大，其中有些数据可以通过搜索查询到。

微信：微信的搜一搜功能，可以按小程序、朋友圈、文章、公众号、问答、百科等类型搜索，简单、便捷，响应速度快。

4.1.2 产品营销方案的收集汇总方法

（1）产品属性

包括：商品名称、商品规格/颜色口味、产品图片、日常价格（直播当天页面价格）、历史最低价、促销后价格、赠品机制、直播价格、优惠方式、佣金比例、力度比较、现有库存、核心卖点、产品链接、活动力度、生产日期、保质期、质保期等。

（2）产品定位

● 产品定位

是在产品设计之初或在产品市场推广的过程中，通过广告宣传或其他营销手段使得本产品在消费者心中确立一个具体形象的过程，简而言之就是给消费者选择产品时制造一个决策捷径。对产品定位的计划和实施以市场定位为基础，受市场定位指导，但比市场定位更深入人心。具体地说，就是要在目标客户的心目中为产品创造一定的特色，赋予一定的形象，以适应顾客一定的需要和偏好。

● 目标用户定位

在初步确定目标客户群体时，必须关注企业的战略目标，它包括两个方面的内容：一方面是寻找企业品牌需要特别针对的具有共同需求和偏好的消费群体；另一方面是寻找能帮助公司获得期望达到的销售收入和利益的群体。通过分析居民可支配收入水平、年龄分布、地域分布、购买类似产品的支出统计，可以将所有的消费者进行初步细分，筛选掉因经济能力、地域限制、消费习惯等原因不可能为企业创造销售收入的消费者，保留可能形成购买的消费群体，并对可能形成购买的消费群体进行某种一维分解，分解的标准可以依据年龄层次，也可以依据购买力水平，还可以依据有理可循的消费习惯。由于分析方法更趋于定性分析，经过筛选保留下的消费群体的边界可能是模糊的，需要进一步的细化与探索。

（3）竞品分析

竞品分析的内容由两方面构成：客观和主观。客观即从竞争对手或市场相关产品中，圈定一些需要考察的角度，得出真实的情况。此时，不需要加入任何个人的判断，应该用事实说话。主观是一种接近于用户流程模拟的结论，比如可以根据事实（或者个人情感），列出竞品或者自己产品的优势与不足。其实在分析别人的产品的同时，实际上是走了一遍用户流程。

竞品分析的目的首先是为了知己知彼，了解市场上同类产品和本品的相对位置，通过竞品确定市场机会点；其次是为了取长补短，选取竞品可借鉴的地方，从而对本品做出改进。

竞品分析的框架可以概括为3个方面：竞品选择、分析维度和分析准则。

- 竞品选择

竞品选择的范围并不局限于具有直接竞争关系的产品，以iPad版即时通信应用为例，除了QQ等产品以外，做竞品选择时还需要选择一些国外的产品，如IM+、AIM、IMO等优秀且受众群体较大的产品。就数量而言，可以选择较为优秀的产品进行分析，不需要贪大求全选择所有的竞品。

在《How to Conduct and Prepare a Competitive Analysis》一文中解答了“是否需要选择所有的竞品进行分析”的问题，文中提到根据80/20原则（80/20 Rule），只需要密切关注20%的竞品即可。

- 分析维度

通常进行竞品分析，可能会从以下几个维度进行对比分析：战略定位、盈利模式、用户群体、产品功能、产品界面（交互方式、视觉表现）等。

竞品分析是每一个互联网从业人员都需要做的一项基本工作，不同的职能区分，侧重点也会不一样。如运营人员可能更加侧重产品的战略定位、盈利模式、推广方式；产品策划人员更侧重于产品定位、目标用户、产品功能；而交互设计师更侧重于产品界面、具体的交互形式等。当然这些维度是有机联系的，断然不可以孤立对待。

- 分析准则

拿交互设计的竞品分析来说，需要参照“可用性准则”来进行分析，可用性准则有很多不同版本，当前较为常用的10项可用性准则为：①一致性和标准性；②通过有效的反馈信息提供显著的系统状态；③方便快捷地使用；④预防出错；⑤协助用户认识、分析和改正错误；⑥识别而不是回忆；⑦符合用户的真实世界；⑧用户自由控制权；⑨美观、精简的设计；⑩帮助和说明。

4.2 样品搜集

4.2.1 样品的选择方法

直播间销售的样品选择是电商运营工作的一个非常重要的环节，选对了产品至少有50%的成功可能性，而选错了产品则100%的失败。主播所在直播的平台不同，所面对的客户画像也会不同，因此，在选择样品的时候就要有所偏重。

除了用户画像等因素外，还可以具体参照一下表4–1所示的6个方面。

表4–1 样品选择参考因素

性价比高	使用前后对比明显
平台爆款产品	与账号定位属性相关
粉丝需求量高	复购率高

4.2.2 物流信息的查询方法

搜索引擎：在百度或者其他搜索软件中输入运单号即可查询。

快递公司网站：输入快递单号或者直接查询快递信息。

第三方软件：微信小程序、支付宝、菜鸟裹裹等。

4.2.3 样品到达要求的记录方法

样品到达要求的记录方法如表4–2所示。

表4–2 样品到达记录表

项目	产品说明	到货状态
名称	元气森林白桃味苏打气泡水	
规格	480mL	
颜色	无色	
包装		
保质期	9个月	
成分表	水，二氧化碳，赤藓糖醇，柠檬酸，碳酸氢钠等	

第 5 章

产品确定及规划

知识目标

1. 了解各类目样品标准要求。
2. 掌握与商家签订合同的方法。

技能目标

1. 能独立对样品进行优选。
2. 可以根据产品特点编写产品介绍。
3. 能读懂产品报价表。

职业素养

1. 具备良好的思想品德和政治素质。
2. 具有良好的职业道德和高度的敬业精神。
3. 具备有耐心与恒心的良好习惯。

5.1 样品试用及分析

电商选品是电商环节里很关键的一步。随着电商环境越来越成熟，在面对各个渠道、各个供应商的产品时，要严格筛选产品，做好品控，并且要从账号角度、粉丝角度和主播角度等方面来筛查样品，做好对“人、货、场”3条链条的整体把控和组合。

5.1.1 样品试用及注意事项

试用样品工作步骤分为：领取样品、样品分类和样品试用登记。对于小商家来说，样品量少，因此选品往往是1个岗位工作量。而对于电商公司而言，有多个账号，样品体量比较大，基本是3～30人团队工作。

5.1.2 样品领取注意事项

拿到样品，要对产品进行资质考核，并做好每件产品的记录工作，如表5-1所示。针对不同类别的产品，注意事项不同。

表5-1　领取样品表

时间	产品名称	产品编号	试品人

依据国家相关法律规定及平台招募情况，入驻电商企业店铺资质需同时满足以下要求，包括：店铺主体资质、品牌资质、类目对应行业资质等信息。依据店铺类型及经营类目对应行业，对资质具体要求如表5-2所示。

表5-2　企业主体资质和品牌资质要求

基础资质	资质类型	旗舰店	专卖店	专营店
企业主体资质	营业执照	1. 入驻主体应为中国大陆地区注册的企业 2. 企业营业执照扫描件/复印件（需确保未在企业经营异常名录中），营业执照距离有效期截止时间应大于6个月 3. 所售商品/选择的行业大类在营业执照经营范围内		
	企业法人身份证	法定代表人身份证正反面扫描件或复印件（法人需要与入驻公司营业执照保持一致，支持港澳台、境外法人身份证明）		

续表

<table>
<tr><th>基础资质</th><th>资质类型</th><th>旗舰店</th><th>专卖店</th><th>专营店</th></tr>
<tr><td rowspan="2">品牌资质</td><td>商标注册证/受理通知书</td><td colspan="3">1. 由国家商标总局颁发的商标注册证（R标）或商标注册申请受理通知书（TM标），若商标处于注册申请受理状态（即TM标），应当不侵犯其他商标专用权
2. 若商标发生过转让/变更/续展，请一并提供商标总局发布的变更转让、续展证明或受理通知书
3. 如经营进口商品，进口品牌需提供国内商标注册证</td></tr>
<tr><td>授权书</td><td>1. 非自有品牌的，需提供独占授权书（若商标权人为自然人的，则需同时提供其亲笔签名的身份证/护照扫描件）
2. 自有品牌或商标权人无须提供
3. 授权书剩余有效期至少大于6个月</td><td>1. 须提供以商标持有人为源头出发的完整授权链条（品牌商体系内之间授权可视为同一层级）
2. 不同行业授权链条层级要求见具体各行业资质要求
3. 授权书剩余有效期至少大于6个月</td><td>1. 须提供以商标持有人为源头出发的完整授权链条（品牌商体系内之间授权可视为同一层级）
2. 不同行业授权链条层级要求见具体各行业资质要求
3. 其中如若包含自有品牌的提供商标注册证明，无须提供授权
4. 授权书剩余有效期至少大于6个月</td></tr>
</table>

类目对应行业资质因每个类目而不同，详细的要求查看平台规定。

务必查看相关资质和信息的真实性、完整性、有效性，一旦发现虚假资质或信息的，立刻通知负责人和商家联系，要求对方提供真实有效的资质证明。

5.2 分析营销卖点

产品在平台上成为主播与粉丝交流的工具，包含了两层意思：谁在卖货和卖点是什么。想带爆一个产品，是需要产品自身有需求度、差异化、性价比和产品信任度的。选品的时候，要把电商平台的属性、范围、平台规则及上架流程都考虑进去。要把电商市场综合分析和所供主播数据分析作为一体进行全方位考量，单纯靠个人的经验和认知去“押题”，往往是会失误的。对于选品运营工作人员来说，分析产品是其中一项重要工作。

5.2.1 分析产品的优点及缺点

深度挖掘一款产品的优缺点，可以帮助主播更好地匹配优质货源，了解商品的优缺点也是对主播塑造产品卖点最基本的要求，主要可以从以下几个维度来剖析。

（1）品质

要讲述一款商品的品质，单告诉用户这款商品好是不足以打动他们的，可以从产品的安全性、稳定性、可靠性、美观性、实用性、耐久性、经济性、口感等几个方面进行展开，把抽象的“好”变成落地的“好”，让用户能够从这些方面感受到商品的品质。

（2）成本（价格）

要了解同样等级产品的生产成本、销售成本、服务成本等和销售价格（产品盈利能力）。

（3）供应方的产量、效率、交付能力

供应方的生产总量、生产能力，是否可按量准时交付。

（4）产品美誉度

各大搜索平台，电商平台产品的口碑和评分，是否有负面新闻。

（5）销售/服务

销售：强大的销售网络，优秀的销售团队，丰富的销售经验和技巧，灵活的市场变化应对能力，优秀的品牌形象，品牌的价值及市场认可度，良好的客户关系，忠诚的消费者。

服务：完善的售后服务体系，优质的服务，满意的客户群。

（6）竞品分析

与竞品之间的优势、劣势分析需要从质量、效率、成本、人力、技术、价格、销售、服务、产量、渠道等方面考虑。

（7）信息记录

产品核查信息之后，要对产品相关信息进行整理汇总，记录表的形式如表5-3所示。

表5-3　产品信息记录表

序	品牌名称	名称	图片	快手小店产品ID	包装方式	净重g（约）	产品类别	适用人群	规格	主要食材种类	保持期	直播价	标签价	佣金率	合作方式（请选择）	现货日常库存（必填）	发货信息（不发货地区）（必填）	现货发货时效（必填）	备货周期（一万单）	直播时可否临时增加库存（是/否）	样品质量/口味

5.2.2 产品上架流程

产品上架是运营岗位工作较为重要的板块，对于上架产品相关内容的撰写也是要熟知的。以快手平台为例，快手小店的产品上架分为电脑端和手机端（图5-1），其中电脑端更为详细。

图5-1　快手平台手机端商品上架后台

（1）手机端上架产品

路径：App首页—快手小店（卖家端）—常用应用—添加商品。

商品主图：商品图片或关联视频，清晰完整显示商品，需与实物保持一致。

商品类目：根据要上传的商品，选择商品所属一级、二级和三级类目。

商品标题：写明品牌、商品名称、商品属性等关键词，最多输入30个字（60字符）。

商品短标题：短标题会代替标题，在直播间或营销投放场景展示。

商品详情：通过细节说明，展示商品详情，包括但不限于：产品、品牌、规格、材质、使用方式、保存方式、购买须知、产品细节、注意事项等，文字不超过300字。

详情图：通常详情图不少于5张，展示产品成分表、外包装、产品实拍等。

商品素材：包含白底素材图和商品卖点。白底素材图用于推荐、活动会场等流量场景，上传素材可提高商品的曝光机会，图片长宽比例1∶1；商品卖点会在店铺页、猜你喜欢等场景展示。

商品限购：如关闭使用此功能，则用户购物无件数限制。如打开使用，可自定义每人每天购买该商品的上限件数。

定点开售：自定义功能，打开可预定开售时间。

商品备注：可供主播挂货时快速搜索。

预览商品：可预览产品详情页，如有不合适，可二次修改。

提交审核：审核时间在10分钟～24小时。

（2）电脑端上架产品

- 产品基础信息填写（图5-2）

商品名称：写明品牌、商品名称、商品属性等关键词，最多输入30个字（60字符）。

商品描述：通过细节说明，展示商品详情，包括但不限于：产品、品牌、规格、材质、使用方式，保存方式，购买须知，产品细节，注意事项等，避免使用极限词汇或夸大不实的宣传描述语，也不能出现其他平台的信息、地址、水印等，文字不超过300字。

商品属性：包括品牌、主要材质、风格、流行款式、商品备注。错误填写商品属性，可能会引起宝贝下架或搜索量减少，影响正常销售。

支付方式：选在线支付。

● 上传商品图文（图5-3）

商品主图：清晰完整展示商品，勿对商品遮挡、过度处理，需与实物保持一致。最多上传9张图片，拖拽图片可更换顺序。单张图片大小不超过2M，支持png/jpeg/webp/bmp格式。

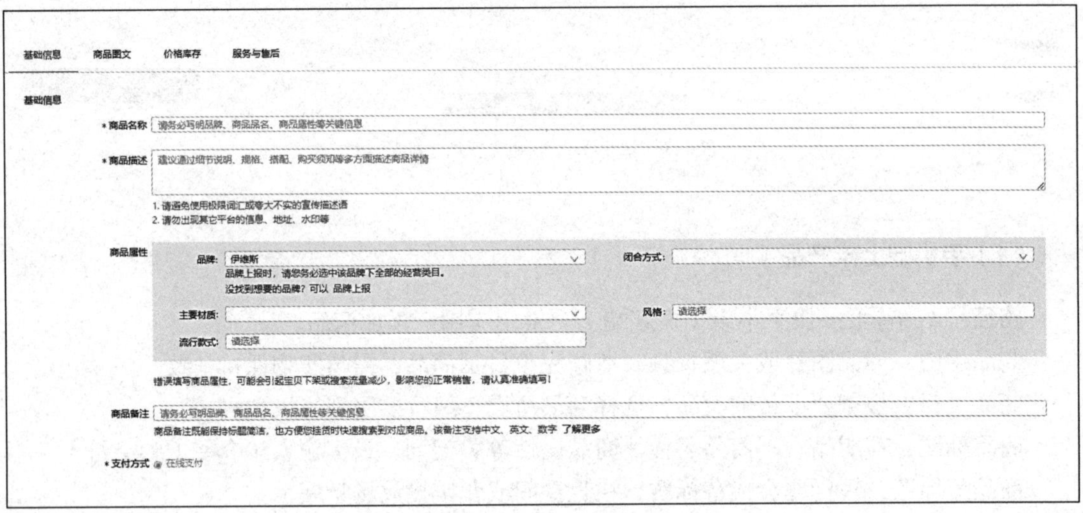

图5-2 快手电脑端后台——基础信息

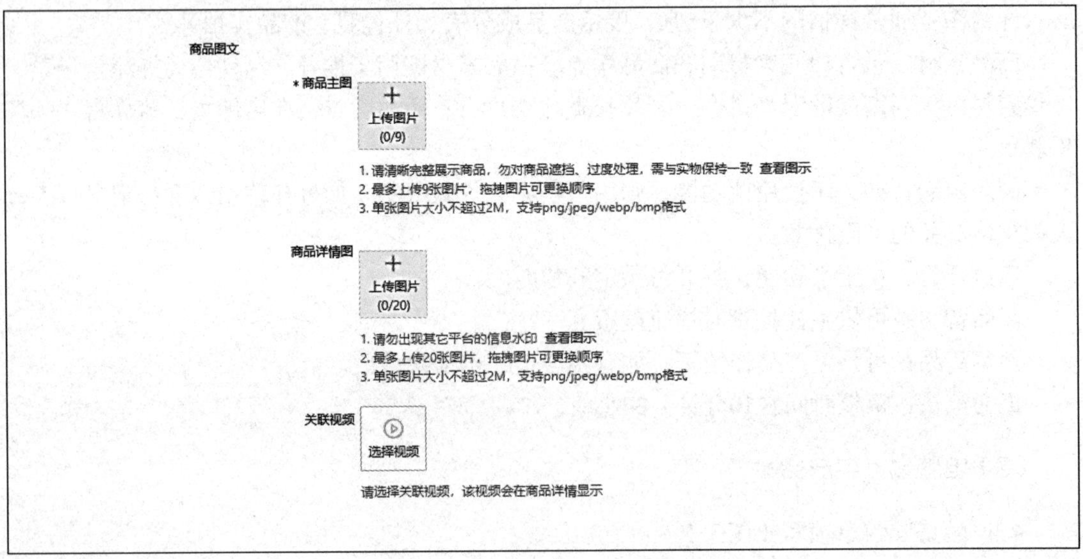

图5-3 快手电脑端后台——商品图文

商品详情图：请勿出现其他平台的信息水印。最多上传20张图片，拖拽图片可更换顺序。单张图片大小不超过2M，支持png/jpeg/webp/bmp格式。

关联视频：选择关联视频，该视频会在商品详情页显示。

- **设置产品库存（图5-4）**

商品规格：自定义商品的规格名，如“颜色”“尺码”等。最多添加三组商品规格，第一组商品规格可增加图片。

价格与库存：库存、单价、SKU码、划线价。

- **服务与售后（图5-5）**

是否预售：分为非预售和预售。

承诺发货时间：分为24小时，48小时，72小时。

运输模板：分为非偏远地区包邮和全国包邮。

定点开售：可预约时间开始销售。

商品限购：每人每天限购多少件。

退货类型：支持7天无理由退货。

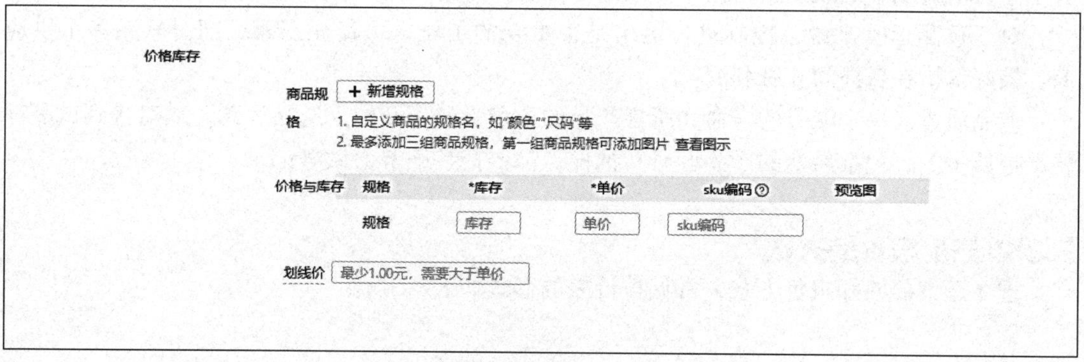

图5-4　快手电脑端后台——价格库存

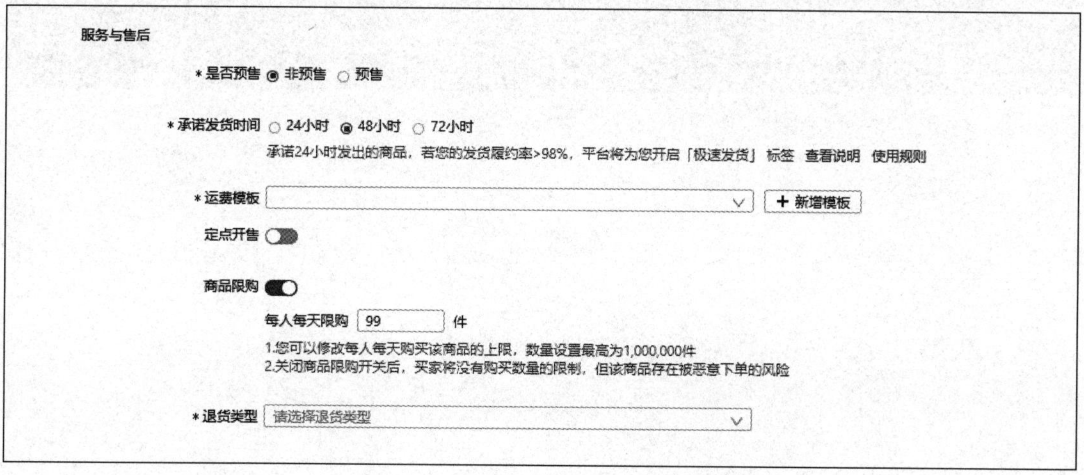

图5-5　快手电脑端后台——服务与售后

5.3 商谈合作方式

作为一个合格的选品运营，不是别人报价就接受。一切产品都是为了更好地销售。想把账号做大，销量更多，就要不断制造爆款，这必须符合市场的发展方向、平台特点、人群定位和市场定位。

5.3.1 选品谈判

选品谈判是每一个选品运营都要面对的工作。主要从三个方面着手：

产品定位：根据账号销售类目的理解和数据分析来选定产品，找出比较正确的粉丝定位，包括性别、年龄和客单价。基于这些方面优化产品的选品工作。

价格：很多卖家认为产品价格越低越好，其实不是，不要只认准低价。随着消费水平和各个平台消费观念的改变，粉丝不再只瞄准低价产品，而是性价比高的产品。

对于选品运营来说，控制进货价格是很重要的工作，可货比三家，同时联系多个供应商。控好价格在直播间才有利润。

产品质量：一个账号的寿命和所售产品的质量是分不开的。选品运营，从对接到试品都要严把质量关，包括后期的产品调研和抽样，都要把控细节，做好记录。

5.3.2 产品报价的方法

选品运营要熟知报价方式，常见报价表的形式如表5-3所示。

表5-3 常见报价表

条码	商品类目	品牌	商品名称（12字以内）	链接	ID	商品图片	商品卖点	规格	正常市场零售价（需包邮）	直播价（需包邮）	现货库存量	发货周期

5.3.3 与商家签订合作协议

合同签署全过程由洽谈、草拟、签订、生效开始，直至合同失效为止。不仅要重视合同签订前的管理，更要重视合同签订后的管理。系统性就是凡涉及合同条款内容的各部门都要一起来管理。

动态性就是要注重履约全过程的情况变化，特别要掌握对自己不利的变化，及时对合同进行修改、变更、补充或终止。

（1）供应链与主播的合同范本

供应链合作合同（范本）

甲方：	乙方：
地址：	地址：
法人：	法人：
联系方式：	联系方式：

根据中华人民共和国相关法律法规，以公平、诚信、共赢为原则，甲乙双方经友好协商就建立长期合作关系达成《直投推广合作合同》（以下简称“本合同”），双方共同遵守。

一、合作内容

1. 甲方委托乙方通过网络直播平台的方式，推广双方约定的商品，以主播为核心，每次直播活动的推广费用的金额需经双方协商确定，该笔费用由甲乙双方共同承担。

2. 乙方为甲方无偿提供免费展厅场地，甲方在展厅内布置直播间：提供货架、展示用品并提供充足的样品，合作终止时甲方收回投放的物品。乙方则负责网络直播渠道的品牌推广、主播对接和活动实施。

3. 合作期限：2022年12月10日起至2023年12月10日止，合同到期后，如双方无特别约定，本合同自动续约。

二、费用及结算方式

1. 根据甲方退货后实际到账成交金额的____%比例，平台费用由甲方自行承担，支付给主播的佣金点数由乙方自行决定。

2. 结算方式：甲乙双方可以协商按以下其中任意一种方式结算：

（1）通过甲方小店店铺销售，走精选联盟或者好物联盟进行分佣，乙方确定好给主播的佣金比例后，通过线上设置分佣给主播，剩余部分线上设置分佣给乙方。

（2）通过甲方有赞或小店店铺销售，佣金走线下结算方式。甲方须在活动结束后10天之内向乙方结算50%，剩余佣金须30天内结算完毕。

三、双方的权利义务

1. 甲、乙双方均应严格按照合同约定履行各自义务。

2. 甲方应保证产品品质，提供一件代发的物流服务，并提供售后服务，如由乙方提供物流和售后服务，双方另行约定服务价格，签订补充协议。

3. 乙方优选主播，自主控制投放节奏，乙方承诺合同期内在快手平台销售额不低于

3000万元，销售任务按照季度进行考核，第一季度任务四百万元，第二季度任务七百万元，第三季度任务九百万元，第四季度任务一千万元，如乙方未完成季度销售任务，则甲方有权取消乙方的代理资格。

四、权利担保义务

1. 乙方保证其具有签订及履行本合同的全部资质、权利或者授权，如因乙方不拥有上述资质或权利给甲方造成损失的，乙方赔偿甲方因此遭受的一切损失。

2. 乙方承诺其提供的各项服务不违反国家法律禁止性规定，不侵害甲方及任何第三方的合法权益。

3. 甲方提供的直播商品、商品销售机制、商品宣传不属于违法行为。如因此产生法律纠纷，由甲方承担一切法律后果；如发生上述争议给乙方造成经济损失的，甲方应主动解决并赔偿由此给乙方造成的一切损失。

五、违约责任

1. 甲方必须保证产品品质和物流客服的有效及时，凡是因甲方原因导致主播封号扣分的，由甲方提供补偿。如导致主播阶段性封号的，按照主播7日内平均销售估算利润作为日赔偿标准。

2. 如一方未在约定时间内向对方付款，且未经对方书面同意迟延付款的，每逾期一日，未付款一方应向对方支付合同总额的千分之1作为滞纳金，逾期超过30天的，守约方有权解除合同，且违约方必须支付合同总额的10%作为违约金。

3. 除本合同另有约定外，任何一方违反本合同约定，应赔偿守约方因此遭受的一切损失，包括但不限于调查费、公证费、鉴定费、诉讼费、律师费和差旅费。

六、保密条款

1. 双方对本合同内容以及就履行本合同而知悉的另一方的业务、商品等相关信息应予以保密。未经一方事先书面同意，不得以任何形式泄露给任何第三方。

2. 本保密义务长期有效，不因本合同的到期、终止、解除等情况而失效。

七、不可抗力

1. 不可抗力是指因自然灾害、战争、政府行为、罢工、暴动、黑客攻击等突发事件或任何其他原因不能预见、不能避免并不能克服的客观情况。

2. 因不可抗力导致一方不能及时履行或不能履行该方在本合同项下义务的，不构成该方违约，但受不可抗力影响的一方应当及时通知另一方并采取合理措施防止损失的扩大。

八、其他

1. 本合同的订立、解释、履行、效力和争议的解决等均适用中华人民共和国法律。

2. 本合同经双方协商和谈判而达成，双方确认对本合同的任何条款均予以充分关注和理解，本合同不构成任何一方的格式条款。

3. 除本合同另有约定外，未经双方协商一致，任何一方不得擅自变更、解除本合同。

4. 本合同履行过程中发生争议的，应友好协商解决，协商不成的，任何一方均可向原告所在地有管辖权的人民法院提起诉讼。

5. 甲乙双方基于本合同签订的任何协议，均作为本合同的附件，受本合同约束，且与本合同具有同等法律效力。

6. 本合同一式两份，双方各持一份，经双方签字盖章后生效，具有同等法律效力。（以下无正文）

甲方：（签字盖章）　　　　　　乙方：（签字盖章）
时间：　　　　　　　　　　　　时间：

（2）供应商与主播公司的合同范本

供应商供货合同（范本）

甲方：　　　　　　　　　　　　乙方：
住所地：　　　　　　　　　　　住所地：
法定代表人：　　　　　　　　　法定代表人：
开户银行：　　　　　　　　　　开户银行：
账户：　　　　　　　　　　　　账户：
协议签署地：

一、产品

甲方向乙方购买产品，乙方保证该产品为原厂家生产，并符合原厂家的质量和技术标准。

二、包装和运输

产品均采用原厂家出厂时的标准包装。如甲方有特殊包装需要，需在签署本协议书时向乙方以书面形式提出，届时由双方另行协商新包装事宜。

产品由乙方运至甲方指定下列交付地点和交付客户（最终用户）。甲方同意，乙方将产品运至下述地址即视为乙方向甲方交付货物。

交付地点：

交付客户：

联系人：

三、交付和验收

1. 乙方承诺在____年____月____日之前将产品运至甲方指定的交付地点，甲方或最终用户应接收产品。如乙方将产品运至交货地址，但甲方或最终用户拒收产品，则自乙方将产品运至交货地址之日即视为产品交付。

甲方或最终用户（包括甲方或最终用户的工作人员）填写收货确认单，或者在乙方的物流配送单据上予以签字或盖章，即视为产品交付完成。

2. 甲方应在货物交付后____日内对产品进行安装验收或委托最终用户对产品进行安装验收，如甲方或最终用户在上述时间内未对产品组织安装验收，则视为产品验收合格。

四、产品的保修

产品按原厂家标准保修。

五、货款及支付

1. 本协议项下产品总价款为____元，采用如下方式支付：

（1）本协议签署后____日内甲方向乙方支付总价款的____%；

（2）交付产品前____日内向乙方支付总价款的____%；

（3）产品交付后____日内，甲方一次性付清余款。

2. 若甲方延迟支付，乙方有权在不终止协议的前提下暂时中止交付货物，除非甲方向乙方缴纳与迟延交付款项金额相同的保证金。

3. 乙方应在货款全部付讫后____日内为甲方开具增值税发票，甲方税务信息及发票邮寄地址另行提供。

六、协议的生效

本协议自双方的授权代表签字并加盖公章或合同章之日起生效。

本协议的任何修改或补充须经甲、乙双方授权代表书面签署并加盖公章或合同章方可生效。

七、违约责任

若甲方未按约如期付款，则乙方有权向甲方主张违约金，违约金为日计未付款部分的0.1%。

若乙方未按约如期交货，甲方有权向乙方主张违约金，违约金为日计未交付产品价款的0.1%。

甲方应于乙方通知其提货之日起1个月内提货，如提货逾期，乙方有权单方面终止合同，同时甲方预付款将作为违约金，乙方不再返还给甲方。

八、不可抗力

如因地震、台风、水灾、火灾、战争、内乱、政府行为、原厂家原因等不可抗力导致协议迟延履行或不能履行，不构成对本协议的违约，但遭遇不可抗力的一方应及时通知另一方。双方应视实际情况讨论协议是否继续履行。协议能够继续履行的，双方应当继续履行协议义务；不能继续履行协议的，双方协商协议的解除。

原厂家遭遇不可抗力视为乙方遭受不可抗力。

九、适用法律和争议的解决

1. 本协议的订立、效力、解释、履行以及争议的解决均适用中华人民共和国法律。

2. 凡因本协议所发生的或与本协议有关的一切争议，合作各方应通过友好协商解决；如协商不能解决，任何一方可向乙方注册地的人民法院提起诉讼。

3. 在协商或诉讼期间，本协议不涉及争议部分的条款仍须执行。

十、其他

1. 本协议一式两份，双方各执一份，两份具有同等效力。

2. 本协议其他未尽事宜均由甲、乙双方协商解决并签订补充协议、条款，双方签订的补充协议、条款与本协议具有同等的法律效力。

3. 送货单据、发运单据、提单、仓单及对账单作为本协议不可分割的组成部分，与本协议具有同等的法律效力。

协议签署各方：

甲方：________________（盖章）	乙方：________________（盖章）
法定代表人或授权代表（签字）：________	法定代表人或授权代表（签字）：________
日期：　　年　　月　　日	日期：　　年　　月　　日

第 6 章

直播营销

知识目标

1. 了解直播间产品的卖点介绍方法。
2. 熟悉直播准备和执行的流程。

技能目标

1. 能够编写出完善的带货直播脚本。
2. 掌握彩排方案的编写方法。
3. 掌握引导用户下单的技巧。

职业素养

1. 具备目标用户心理预期分析的能力。
2. 热爱销售岗位，诚信地与用户沟通。
3. 目标感强，积极主动地完成销售任务。

6.1 直播预演

6.1.1 直播带货平台

现有的直播带货平台按属性可以分为电商带货平台以及短视频直播平台，电商带货平台主要以淘宝直播平台为主，还有拼多多、京东，苏宁易购等。短视频直播平台以抖音、快手为主，还有B站等。

（1）淘宝直播

2016年，淘宝直播正式上线，淘宝自身拥有大量产品，而这些产品实际上就是丰富的直播内容资源，因此淘宝在直播带货这方面具备天然的优势。比起图文和短视频，淘宝直播的优势在于互动性强，将促销、产品多元化以及高性价比在直播间做了一个打包呈现。淘宝直播带货最大的品类是服装，其次是美妆、母婴、美食、珠宝等，这主要是因为淘宝主流用户群以三、四线城市有一定消费能力的女性为主有关。此外，在淘宝核心用户中，超级会员占比很高，他们都是淘宝资深“剁手党”。内外部发展条件的成熟推动淘宝直播的持续发展。

（2）快手直播

2017年进入直播带货的快手，起步比淘宝稍晚，但起量却比淘宝要快。一开始就采用“打赏+带货”模式的快手直播，证明了直播带货可以做大甚至做成主流业务。相较于淘宝直播带货，快手上人设属性更强，卖货像是实物打赏。快手主播常说的带货脚本是：“老铁们，今天就3000支，赶紧买，不买的给我双击一个小红心。”而买了东西的用户评论也大多是“东西一般，就当支持老铁事业了”，也就是说，用户在快手关注的首先是人，其次才是产品的功能和质量，买的更多是打赏“老铁”的满足感。另外，比起淘宝直播，快手用户更关注食品、饮料、3C产品。

快手主打的是下沉市场，快手直播带货更甚，有多下沉呢？不仅仅是五线城市，乡镇乃至农村也有大量覆盖，小镇中青年对快手电商GMV（成交总额）的贡献是最大的。此外，在快手带货的主播，通常是卖自己工厂的产品。比如部分快手主播，在全国有生产工厂，他们掌握产品源头，更具价格优势。在下沉市场，用户对品牌并不敏感，某种程度上甚至反感，追求实惠的“老铁们”最想要的是物美价廉，所以告诉他们没有中间商赚差钱，源头好货的买单率更高。

（3）抖音直播

抖音直播相比淘宝、快手是比较晚进入直播带货的平台，此前推出了橱窗功能，产品链接跳转到淘宝、天猫，目前带货做得最好的是美妆品类。与快手主打“老铁”卖货不同，抖音主打“种草”。比如，在2019年“双十一”预热期第一天上线了“种草标签”的新功能，通过直播的形式为天猫等电商合作伙伴进行带货，抖音更看重的是有多少用户喜欢上了这个推荐内容。

2021年4月8日，抖音电商首届生态大会在广州举行，抖音电商总裁康泽宇在主题演讲中，首次阐释了“兴趣电商”概念。兴趣电商是一种人们基于消费者对美好生活的向往，满足用户潜在购物兴趣，提升消费者生活品质的电商。消费兴趣来源于人们对于美好生活的向往，人们每天都通过发现需求并满足需求来改善他们的生活。而人们的需求是需要被提示的，因为你的客户很难从日复一日的相似生活轨迹中说出“我要什么”，需求的发掘来源于丰富的内容对于生活场景的还原，通过短视频与直播内容带来的“代入感”让人们意识到“原来生活还可以更美好”，这就是兴趣电商。

从2021年抖音年度报告可以看出兴趣电商的前景是非常可观的，“直播+”有着无限的可能性，如“直播+农特产”将179.3万款农特产卖向了全国、“直播+国货老字号品牌”使得老字号品牌的销量同比增长647%。

对于主播个人而言，抖音平台有巨大的流量，看起来很适合带货。但是问题在于，抖音的流量很难私有化。一个平台越是以算法为导向，就越不容易形成粉丝黏性（注意不是用户黏性）。这是它的一个弱势点，但对新主播来说，同时也是一个机会点，因为抖音的流量没有被头部主播、商家所垄断，新入场的主播在抖音仍有很大的可能性。

（4）拼多多直播

2020年年初带货直播的火热，让拼多多感受到了压力，带货直播和拼多多一样，走的是低价逻辑，两低相遇，必有一伤，怎么办？把带货直播做起来。2020年1月19日，拼多多宣布“多多直播”正式上线，带货直播模式正式开启。

拼多多直播为商家提供“现金红包”营销工具，通过微信，可引导消费者邀请好友进入直播间，帮助各个商家做引流与曝光度的提升，从而达到店铺的转化。固有特征在于80%左右都是店铺直播。多多农园、县长直播、明星带货，拼多多多维度发力支持助农。流量获取上，主要依赖于私域流量或者公域投放广告的方式获取。

6.1.2 带货直播的准备流程

（1）选择合适的带货直播平台

直播带货平台有很多，但不是每一个平台都适合做直播，不同的直播带货平台适合不同性质的主播带货。要参考几个主流带货直播平台的属性，根据自己的需求选择合适的带货直播平台。

（2）准备专业的、完善的直播设备

一般来说，开展一场带货直播，只需要一部连接网络的手机即可，但为了保证直播质量，往往会配备更专业的设备。如果使用手机直播，最好配置两部手机，一部直播，一部看评论。除此之外，还要准备声卡、麦克风、补光灯等设备。如果使用电脑直播，就需要高配置电脑、高清摄像头、电脑声卡、电容麦等。齐全的直播设备有助于提升直播质量，给用户更优质的直播体验。

（3）准备直播主题

直播主题就是你要做什么，要给用户呈现什么，用户会不会喜欢你的主题。简单来说，就是选题，选定了直播主题也就确定了直播的核心内容。

那我们怎么确定直播主题呢？可以根据产品定位来决定。比如说卖农产品，那么直播的主题可以是“绿色、健康、无污染的××食品”；如果是卖服装，那么直播的主题就可以是“夏季穿搭、胖妹妹夏季显瘦穿搭”等。直播主题是给粉丝进入你直播间的一个理由。直播主题要简单明了，抓住用户的心理。粉丝进入直播间，无非是这三大原因：学东西、买产品和社交需求。对比传统电商平台，直播带货的一个优势是：既可以让消费者购买到优惠的产品，也有机会学习到产品知识。这一点就需要在直播主题中真正体现出来。

（4）选品及货品组合

前面说到可以根据带货产品来确定直播主题。如果你的产品类型比较统一，如“绿色”“护肤”等，就可以根据核心内容确定主题。但如果产品线比较多，就可以根据最有吸引力的产品线确定直播主题。因此，在确定直播主题时，可以先选定直播带货产品。产品种类丰富时，可以根据4个分类来选定产品线：引流款产品、利润款产品、活动款产品和形象款产品。

①引流款（福利款、宠粉款）产品。

顾名思义，就是为直播间引进流量的商品。直播间有了流量才会有推荐、有销量。引流款一定是目标客户群体里面绝大部分顾客可以接受的产品。而且，这些通常是性价比高的商品，并常常是以成本价，甚至是低于成本价销售。一般会用在直播带货开始前半个小时的热场活动。

②利润款（主推产品）产品。

一场直播的盈利多少就要看利润款的多少了。这些商品适用于直播间目标用户里面某一特定的小众人群，这些人追求个性，愿意去消费，并且有能力去消费。因此，这部分商品一般品质高，而且产品卖点上有自己的独特之处，并且用户对这类商品的价格敏感度不高。

一般而言，利润款上架的时段都是直播间人气和流量较高的时候。这样一来，能确保利润款商品被更多的人看到，并且通过主播的不断反复讲解，让目标客户更多地了解商品的信息。并且，在流量较高的时候，主播会适当拉长商品的讲解时间，反复强调产品的价格或活动，以此增加商品的购买率。

③活动款（爆款）产品。

直播间上架这类商品，无非就两个目的：清库存、冲销量。这些商品作为直播间主打款，一般讲解频次较高或讲解时长较长，以便让消费者充分了解该商品。这类商品上架的时段没有太多的要求，不管是流量高的时候，还是人气一般的时段，都可以上架和讲解。因为，这类商品既是直播间的主打款，又是冲销量的商品。因此，要想达到效果，那就需要时不时出现在直播中，加深观众对商品的印象。

④形象款产品。

这类商品会被大多带货直播间所忽视，觉得没有必要上架这些商品。其实不然，就像人的外表一样，气质好、形象好的人总是会吸引他人的关注。直播间也一样，有一个好的形象，就可以在无形中给直播间增添好感和信任。形象款应该选择一些高品质、高调性、高客单价的极小众产品。可以有3～5款，适合目标客户群体里面的3～5个细分人群。形象款仅会占产品销售中的极小一部分，目的就是提升直播间形象。

不同产品线的系列产品需要准备不同的直播脚本、产品推广方式以及成交脚本。例如，在介绍福利产品环节，重心要放在和观众的互动上，通过抽奖送福利的方式，让用户产生"获得感"，调动用户参与的积极性，方便后续转化。

另外，一场好的带货直播，它上架的商品一定是经过精心搭配的，会让观众整场看下来感觉非常流畅，不乏味，永远期待下一款，增加了用户的停留时长。在一场2小时的直播里面，一般建议产品SKU（Stock Keeping Unit，保存库存控制的最小可用单位，一般一款商品有多个SKU，比如多种不一样的颜色等）在30以上，也就是五六分钟就过一个产品，每个商品提炼3～4个卖点，单品介绍时长最长不要超过10分钟。

（5）定直播时间

直播时间简单却又不简单。简单在于，随时都能直播，不简单在于，要挑选合适的直播时间，获取更多的流量。一般来说，新主播可以尽量避开和大主播同一时间段直播，不要和头部主播抢流量。另一方面，尽量将直播时间规律化，每天或者每周哪些天的什么时间固定开播，让用户养成定点看直播的习惯。

● 直播间布置

做直播，普通观众只能从手机屏幕上认识我们。直播间的搭建是给粉丝的第一印象，也是影响直播间转化的第一要素。直播场景对直播流量的影响是非常大的。它直接影响了粉丝的观看效果和停留时长。优秀的直播间场景，一般具备2个重要特点：画质高清晰度和主播跟场景的高融合度。

前者很好理解，包括直播间的网络、摄像头的选择、直播推流软件、直播间灯光等硬件设备的影响；后者是一个系统化的维度，它能体现直播间的专业性，提高用户的体验感。这个维度也是官方抓取维度，直播间场景好的话，官方后台会更容易抓取，一旦抓取到，就会入选主播精选或频道推荐。

所以说，直播场景搭建得好，直播流量就会如涓涓细流，慢慢涌入直播间。

那么，高转化直播场景的搭建，有哪些技巧呢？

● 场地布置技巧

一般情况下，控制在8～20平方米即可。如果是美妆直播，8平方米即可，如果是穿搭类直播，就选择15平方米左右，有试衣服的空间。个人直播的场地标准为8～15平方米，团队直播20～40平方米。直播前对直播场地进行回音和隔音测试，以免隔音不好或者回音太大，这些都会影响直播效果。

● 主播站位技巧

要是体现立体感，一是主播站在对角线上可以使画面得到很好的纵深效果与立体效果，活动过程中更加动感有活力；二是增加画面辅助物，比如在主播的背后增加物品的摆放（沙发、衣架、模特等）。这些都可以增加直播间的立体感。

● 背景

直播间最好以浅色或纯色背景墙为主，以简洁、大方、明亮为基础打造，不能花哨，因为杂乱的背景容易使人反感。背景可以选择窗帘布或是墙纸，建议用灰色、深灰色、浅灰色、冷淡灰色都可以。

直播间背景也可以根据直播主题、产品活动来确定，比如某场直播要进行抽奖，可以直接将直播奖品摆放在后方，在背景墙上张贴主题板。

● 产品陈列

一般分两种：一种是直播间需要产品露出的，例如，直播间卖衣服，就可以放衣架或者衣柜，将衣服摆放整齐，如果是美妆，就可以摆一个陈列架，摆上要推荐的产品；另一种是直播间不需要露出产品的，比如很多美妆主播都喜欢把部分卖的产品露出在摄像头里，这时候一定要考虑产品的排列美观度、整齐度，切忌杂乱无章。

● 辅助工具

这是方便主播内容讲解的，很多主播会用到画板和马克笔，边讲解内容，边写出重要信息，方便在线粉丝以及后续进来的粉丝理解。画板颜色以简洁为主，不要用太多的颜色或者彩灯来装饰。

● 点缀装饰

如果直播空间很大，为了避免直播间显得过于空旷，可以适当地丰富直播背景。例如，放一些室内小盆栽、小玩偶、小插画之类的，干净整洁即可。

（6）注意直播封面和标题

好的直播封面和标题能够吸引更多用户点击进入直播间。直播前设计直播封面和标题，需要注意以下几点：直播封面要清晰明了，突出主题，不要使用留白区域，尽量选择真人搭配产品合照。标题文案建议直接表明直播的亮点价值，标题不宜太长，建议12个字以内。明确当天直播目的和活动特点，规避极限词。

6.1.3 直播脚本的编写方法

一场以带货为目的的直播，它的脚本是非常关键的。首先它让直播有了一个统一的规划，整场直播就不会乱，能够有效地提高粉丝的关注度和留存率。其次，可以持续输出自己的IP形象，强化自己的特色，有助于IP的打造。再次，可以减少直播过程中的突发状况，包括控场意外，直播节奏中断，主播突然尬场等。

（1）确定直播目标

先设置好目标才能干成事，所以在一场直播之前要提前预估本场直播的目标，比如要有多少观看量，要有多少点赞量，进店率是多少等。这些数据都要提前有个规划，目标性更强，也更方便直播结束后进行复盘总结。

（2）明确团队分工及配合

每个人都要有自己的职能职责，一场成功的直播是每个员工合力协作的结果。比如主播要介绍产品，突出卖点，助理要协助主播来突出卖点，还要和观众进行互动，回复用户的提问，后台的运营人员要修改价格，上下架产品等。

一般来说，一个高效的直播间的基本配置如表6-1所示。

表6-1　直播团队岗位配置

岗位配置	岗位职能
主播2～3人 （主播、副播、助播）	主播：活动介绍、介绍产品、统筹全场、粉丝互动 副播：带动气氛、介绍促销活动、提醒活动、卖点提醒、引导关注 助播：实时了解销售额、订单数、提醒助播、画外音互动
场控1人	负责现场产品秒杀改价、库存核对、活动优惠设置、小店后台设置、PC直播端产品讲解配合
运营1人	主要负责视频、直播数据运营、推广等，视频拍摄创意
拍摄剪辑1人	负责直播现场的搭建，直播前拍摄预告视频，直播中、后花絮和精彩内容的提取
客服及售后2人	负责直播过程中客户售后问题、尺码解答、在线咨询等
商品开发1人	选品、佣金管理、产品组合、产品策划、价格谈判

（3）定好直播时间

建议新手主播每天在固定的时间段里直播。这样才能养成粉丝观看你直播的习惯，可以每天定时定点找到你。直播的时间到了要准点离场，及时预告下一次直播的时间和品类，为下一场直播预热。

（4）定好直播的主题

主题就是一场直播的主心骨。

一场直播只围绕一个主题进行，那主播就会越来越得心应手。反之，如果一会儿卖护肤品，一会儿卖手机，一会儿卖零食，就会打乱直播节奏，也会让粉丝觉得乱七八糟。

（5）直播脚本流程

时间精确到分钟，这里给大家提供一份通用版的直播脚本流程设计：

- 0～5分钟，开场/聚人

这个时间里，主要就是和粉丝拉近关系，同时为正式直播卖货做准备。

所以，在这个时间段，可以做3件事：

第一件事：和粉丝拉家常，快速拉近主播和粉丝的距离；

第二件事：抽奖，快速地炒起直播间的热度；

第三件事：包装渲染产品，可以说产品的产地、历史、销量、代言人等，但是不要具体地说到是什么产品，要引发粉丝的好奇心。

- 6～7分钟，留客

正式的直播马上就要开始了，现在要想办法把粉丝留在自己的直播间里，那就可以宣传本场直播的大促销了。

比如今晚要抽99个免单，抽3波大红包，买1送15，送限量口红，送定制的手袋，全年最低价之类的，并且要号召用户跟你互动，让他们回复刷屏。

- 8～12分钟，锁客

这个时间要描述产品的使用场景。

比如淘宝某大主播直播时经常会说：我们吃早餐的时候，我女儿最爱吃这个小面包了，一次能吃4个。同时，主播还可以在这个时间里试用产品，比如是口红就直接画，是吃的就现场吃。同时还要把自己的使用感，产品的最大功效点说出来，让粉丝对你的产品产生兴趣。

- 13～16分钟，背书

经过上面的使用场景描述后，这个时候就好给产品背书了。比如产品的各种证书，网友好评，过往销量截图，大V口碑推荐，网红种草，官方的获奖纪录等，这些能让观众觉得你这个产品非常靠谱，能给你产品加分的事项都可以称之为“背书”，一定要让用户觉得你销售的是非常靠谱的产品和品牌。

- 17～22分钟，说服

这个时候就要详细介绍产品的主打功效、使用人群、价位、成分、包装、促销和竞品的对比等。要让用户全方位地认可你销售的产品。

- 23～27分钟，促单

这个时候宣布价格，一定要让用户有“占便宜”的感觉，觉得今天买太超值了，不买就亏了。

促销政策也要加大力度强调，比如直播间特别优惠，前100名加送同款，现金返还，随机免单，抽奖，七天无理由退换等，要刺激用户马上就下单。

- 28～30分钟，催单

不断地提醒用户销量，营造“货物很抢手，不买就没了”的气氛。比如某主播会每次只让上1000件产品，等抢完了继续上链接，不停地制造“现在不下单就抢不到”的紧迫感。同时主播要重复产品的最大功效和利益点，刺激用户立刻下单。

催单是销售中常用的技巧，它是成交环节之后促使直播间粉丝二次成交的环节，线下销售常用的催单方法，如现货催单法、涨价催单法、这次最优惠法、礼品催单法、活动催单法，都可以搬到直播间：

①现货催单法的脚本。如：啊，下架了，这么多没有抢到的，要的扣1。好多“宝宝”没有抢到哦，那我们的运营“宝宝”和商家沟通一下。这么多“宝宝”没有抢到啊，帮我们再加500件咯，最后500件啊，大家准备好，54321，开抢。

②涨价催单法的脚本。如：各位“宝宝”们，现在买一定是最实惠的，上播之前我听厂家说，这个产品的原材料涨价，产品价格很可能要跟着涨，现在买是非常合算的！

③这次最优惠法的脚本。如：那么这款口红什么时候买最合适呢？主播这边仔细给大家

算过账了，今天买最合适，前100名“宝宝”拍下，还可以再领券减10元，也就是79元，可以和拍立减叠加使用。话不多说，我们5秒倒计时开抢！

④礼品催单法的脚本。如：各位“宝宝”们，现在买这款水乳，送3份15mL的小样！这样的礼品哪里找，只在我们的直播间！现在直播间2000人，我们今天就送前100名下单的粉丝等价礼品。倒数5个数，54321！

⑤活动催单法的脚本。如：各位“宝宝”们，我们现在在活动期间，你现在下单一定是最优惠的了，我们的活动马上就结束了，下次就不知道是什么时候了！倒数5个数，54321！

还有一些线上销售独有的催单策略，如踢人、念商家或销售助理刷屏脚本等。

踢人就是告诉直播间粉丝，要将那些已经拍下订单而未付款的订单给关闭，将商品释放出来给有需要的人继续拍。具体的脚本如：还没付款的“宝宝”赶快付款，后台小哥要踢人啦！把产品留给需要的人！

商家或销售助理配合刷屏没抢到的脚本，主播念出来，营造出一种抢手氛围，具体的脚本如：有粉丝说没有抢到，能不能再加一点库存，没抢到的扣1，人多的话我联系商家加库存！

催单环节是一场直播必不可少的环节，在这个环节，要不断提醒用户即时销量，营造出畅销局面、价格优势、超值礼品、促销力度等，反复用倒计时的方式，迫使粉丝快速下单，不然就要秒完了。

6.1.4 直播脚本的编写案例

表6-2所示是一个直播脚本的范本。

表6-2　直播带货脚本案例

直播环节	节奏（建议时长）	价格策略	核心方法	
			抽奖、福利（约30分钟一次）	互动、促进下单
开场	暖场（10~20分钟）	预告今天售卖的所有商品简介及大致优惠力度，吸引用户持续观看	轻量级抽奖	刷屏引导直播间互动（点赞、转发等）
正式售卖	售卖初期（1~2小时）	引流款客单价逐渐增加	完成任务用户抽奖（如转评赞预热视频、下单）	下单流程教学、产品亲身示范（试用、试吃、做实验等）
			福利款商品秒杀	介绍赠品数量及价格
	售卖高潮期（1~2小时）	价格优势最突出，最大众化的潜力爆款，结合抽奖环节	免单：从下单中抽取×名免单	神秘嘉宾、知名嘉宾空降直播间、炒热氛围
			红包：不定时发红包	品牌方围绕商品价格优势深度讲解
			抽大奖：高客单价热门商品或商品大礼包	
	售卖结尾期（0.5~1小时）	客单价由高转低		根据前期下单数据及在线观众画像安排爆款商品返场，冲GMV/滞销商品返场，再次介绍优惠力度和库存

续表

直播环节	节奏（建议时长）	价格策略	核心方法	
			抽奖、福利（约30分钟一次）	互动、促进下单
结束	收尾（0.5~1小时）			感谢粉丝支持

随着直播带货的主播越来越多，直播带货这个行业的竞争也是越来越激烈，从一开始的直播带货就能卖，到现在的直播带货主播很会说也不一定能卖出成绩，那么这个时候对于主播来说越有自己的特色，就越能留住观众，进行有效的转化。

对于消费者来说，想要购买一款产品肯定是要对产品进行了解，这件产品是哪里生产的？用的是什么材料？可以用来做什么？好不好用？除了这些常见的问题外，还有售后服务等消费者关注的问题。这时候就需要主播对以上问题进行回答，或者对这些问题提前进行输出，让观众可以了解更多，主播给观众的感觉越从容，那么观众也就能更放心地在直播间购物。

主播在进行卖货的时候，也不能一门心思全都扑在产品讲解上，还要与直播间的观众进行有效的沟通，除了要回答他们提出的关于产品的问题以外，还要进一步和粉丝拉近关系，让这些粉丝成为变现的主要转化对象。

作为主播，除了定时进行直播外，在非直播时间最好也要进行一些短视频的拍摄，这些短视频不管是关于产品的还是关于生活的，这些都是直播外和粉丝进行互动的方式，可以更好地维护主播和粉丝之间的关系。

6.1.5 彩排方案的制定方法

在进行正式的带货直播之前，直播团队往往需要进行彩排，彩排和真实的带货直播其实差不多，就是按照脚本把整个直播流程执行一遍，所有成员做到心中有数，直播脚本中发现不合理之处提前改正。

可以编写彩排安排表，如表6-3所示，按照彩排安排表的内容进行彩排，使整个彩排过程更加有序。

表6-3　带货直播彩排表

彩排时间		彩排人员	
场地布置	准备内容	准备情况	
	背景		
	产品陈列		
	辅助工具		
	点缀装饰		
产品准备	产品	准备情况	
	产品1		
	产品2		

6.2 直播销售

6.2.1 产品特性及卖点的介绍技巧

（1）产品特性及卖点的介绍方法

好产品自己会说话，但是随着市场竞争越来越激烈，酒香也怕巷子深。因此如何通过产品介绍来更好地打动消费者就显得特别重要了。

很多大的直播间，一天直播下来可能会有几十甚至上百款不同的商品，这些主播是怎么快速把一款新产品的卖点记忆下来并传达给观众呢？这里可以用到一个非常著名的产品介绍法则——FABE法则，下面通过一个猫和鱼的故事详细介绍这个法则的使用，如图6-1所示。

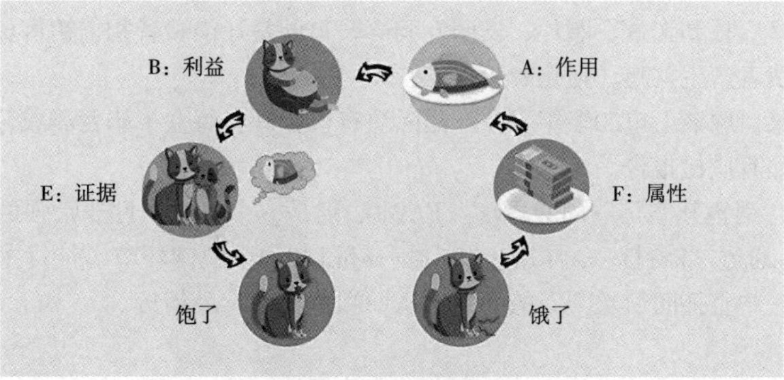

图6-1　猫和鱼的故事

一只猫非常饿了，想大吃一顿。

这时主人扔过来一摞钱，这只猫没有任何反应。此时，这一摞钱只是一个属性（Feature）。

主人说："猫大人，这一摞钱，可以买很多鱼。"买鱼就是这些钱的作用（Advantage），但是猫仍然没有反应。

主人又说："猫大人，这一摞钱能买很多鱼，可以让你大吃一顿。"买的鱼可以大吃一顿就是钱的利益（Benefit），这时候猫有点心动了。

主人继续说："你的女朋友刚刚就用这些钱买了一条鱼，美美地饱餐了一顿呢。"这就加上了证据（Evidence）。听完这句话，这只猫就飞快地扑向了这摞钱。

其实，FABE的含义并不复杂。

F：属性、特性

也就是产品本身所具有的属性，是理性客观地将产品表述给消费者。我们都知道，每款产品的特性其实有很多，包括原料、配方、生产、包装、服务等方方面面。但是在产品介绍的时候，因为消费者的时间和精力有限，应重点介绍人无我有，人有我优的特点。

比如：某某口服液含有复合多糖；每盒儿童牛奶含有100mg的DHA。

A：作用、优势

是指产品的作用或优势。俗话说得好，没有对比，就没有伤害。介绍产品时，应善于通过对比来突出产品人无我有，人有我优的作用或优势。

比如：某某复合多糖经过多年科学研究，精心配比，具有增强免疫力的作用；DHA是奶源本身的，不是后续添加的。

B：利益、好处

是指客户使用产品后可以得到的好处或利益，也就是产品可以解决消费者的问题或痛点的理由。特别提醒大家，介绍产品时一定不能忽略利益点，因为产品的利益点才是消费者最关心的。

比如：通过增强免疫力，帮助消费者保持良好的身体状态；通过科学补充DHA，可以快速地促进孩子的智力发育。

E：证据、例证

是指证明材料，包括一切可视化的东西，比如：对比演示、证明材料、证书、技术报告、消费者分享、报刊文章、照片、发明专利等，目的是让消费者相信销售员介绍的内容是可信的，让消费者产生共鸣，强化购买决心。

比如：某某口服液上市20多年了，产品品质有口皆碑；每盒牛奶营养成分在包装上都有标注，并且产品有质检报告。

我们常说，销售其实是一门心理学。FABE法则是一个可操作性非常强的利益推销法，如表6-4所示，通过“F特性—A作用—B利益—E证据”4个关键环节，带货主播可以巧妙地处理好销售过程中直播间粉丝关心的问题，从而顺利实现产品销售。

表6-4　FABE销售脚本应用

消费者思维	FABE	销售脚本	举例
这是什么?	Feature 属性、特性	因为它是……	含有复合多糖
那又怎么样?	Advantage 优势、作用	它可以……	调节免疫，增强抵抗力
对我有什么好处?	Benefit 好处、利益	对你来说……	有助提高免疫力，增强你的体质
为什么相信?	Evidence 证据、例证	你看，这是……	××口服液已经上市二十多年了，产品品质有口碑

（2）产品特性及卖点介绍中的说服技巧

● 用“稀缺性”来说服

“面膜只有100份了，大家赶紧下单！”

“洗面奶还剩50份，再不下单就没了！”

“沐浴露已经没有了，小助理看看能不能加库存!”

如果你经常逛直播间，像这样“报库存数”的话你一定不陌生，那些产品，真的有那么火爆吗？真的秒光吗？

答案是——真的，在直播间里，主播在前期往往只会放出一小部分的库存，一般为10%，以某些直播间动辄上千万的观看量，这种库存量几乎就是秒没。第一轮销售结束后，第二轮库存马上会加上来，这一次会加得多一点，一般为40%，等到第三次，再加40%左右，剩下的一点一点加，基本保持时时售罄的情况。

你可能会疑惑，既然可以多次上架，那说明库存充足，为什么不一次性放上来，让粉丝抢个够，免得一次次报库存数。在电商直播行业，一般把这种做法叫作饥饿营销，在消费心理学中叫稀缺效应。

古语有云“物以稀为贵”，越稀缺的东西，人们的购买意愿越强烈，这就是稀缺效应最简单的解释。这种稀缺效应在我们的日常生活中很常见，比如好地段的房子，虽然被炒成了天价，但仍有无数人争相购买；有规律容易记又吉利的手机号码，因为其稀缺性也会引发抢购。在直播带货中也是一样，在整个上架和抢购过程中，主播一次次播报“只有50份了”“只有20份了”制造出稀缺感，这种稀缺就会诱发粉丝的焦虑感，为了缓解焦虑，粉丝就更容易做出购买决策。稀缺也会诱发粉丝对损失的厌恶，听到产品很快就卖完了，粉丝会担心过了这个村就没这个店了，从而做出购买决策。

● **用形象化的统计数据说服**

“我们的这款螺蛳粉特别受欢迎，销量特别高。”

“我们这款螺蛳粉特别受欢迎，月销量25000份。”

哪一种表达更能说服你购买？很明显是后一种。相比于用一些描述程度的词语，如很多、很高，具体的数据更直观，更具有说服力。

数据本身是有力的根据，但毕竟我们常说“数字是冷冰冰的”，面对铁证般的数字，对方也有可能无动于衷。但如果我们用生动形象的方式来阐明数据背后的含义，数字就会变得有血有肉，把数据形象化的方式有以下几种：

①给数字寻找一个参照物。

很多时候，我们很难去衡量数字本身所表达的概念，所以，如果想让别人对数字产生感觉，我们就需要借助一些大家熟悉的事物，通过对比参照来说明数据本身的含义。

什么意思呢？简单举个例子。比如说，我们的某一款产品，加工的模块精确到了0.01mm，那我们可以找一个熟悉的事物作为参照，比如头发丝，我们加工的模块精确到了0.01mm，只有头发丝的1/10。再比如，某款产品销量特别高，我们可以说销量连起来可以绕地球1圈。

②套用公式表达数据。

有时候，为了强调一个数据背后的特点，我们可以尝试着拆解这个数据，通过寻找多个因子来予以实现。

什么意思呢？同样是举例子。

比如说，我们某款产品的销量，比市面上同类型产品的销量加起来还高10%，是不是瞬间让别人觉得，这款产品怎么那么厉害!

③换算最小单位。

很多时候，我们表达一个看起来很大的数据，别人会觉得不以为然，也就那么回事儿。但如果我们把数据转换成小单位来展示，效果可能就会大不相同。

什么意思呢？给各位举个例子。某款手机共计销量达到8542万台，相当于每分钟卖出2台。某款乳液80元，可以用3个月，相当于1天只要0.89元。

④说明数据的应用场景。

有时候，数据本身虽然很光鲜，但可能很多人难以理解到这到底对他本人有什么用，所以，需要举一些数据的场景。比如，乔布斯不会说 MP3 有2G存储空间，他的说法是："你可以把1000首歌装进口袋里。"同样地，再比如某手机，可以说：我们采用了3600毫安超大容量的电池，可以让你不充电连续玩游戏7.56小时。再比如某电风扇厂商，可以说风扇使用了7.9级消音技术，夜间睡觉，没有一丝噪声。

● **"诉诸权威"的说服**

诉诸权威通过借用"权威"的影响力，论证自己观点的正确性，进而提升说服力。这里的权威可以是专业人士，也可以是各种协会、机构，还可以是各类证书，如果你推荐的产品有名人为它背书，或是官方机构颁发的证书，不妨在直播间展示出来，让"权威"来印证你产品的好处。

● **"诉诸情感"的说服**

诉诸情感主要通过某种氛围或使用感情色彩强烈的言辞来感染对方，以达到说服的目的。在带货直播中使用这个技巧主要是激发粉丝的感性需求，通过一些使用场景的呈现，如：

"这条裙子太显气质了，你穿着这条裙子去参加你儿子的家长会，你儿子会觉得，我的妈妈是最好看的，一定会觉得很骄傲"。

如何进行这样的场景化描述呢？可以用SCQOR架构，S设定状况—C发现问题—Q设定课题—O克服障碍—R解决收尾。

Situation（设定状况）

在这个阶段，要先介绍故事的主角，要让信息的接收者知道主角目前处于的稳定状态，这个阶段所叙述的内容，一定要让粉丝产生共鸣，如果粉丝拥有相同的经验，可以适当缩短。

Complication（发现问题）

紧接在S（设定状况）之后的是C（发现问题）。C颠覆了S的稳定状态，换句话说，C表现出事情发生了变化。问题的类型有3种：

恢复原状型：必须修复已损坏的事物，不能放任不管。

预防隐患型：目前没有问题，但希望将来不会损坏。

追求理想型：目前没有障碍，但希望能更好。

Question（设定课题）

C（发现问题）之后是Q（设定课题）。从S到C的过程中，反映出主角的疑问。也就是问题背后应解决的课题是什么？Q阶段中的课题设定，必须根据C阶段的结果，也就是你认为这是什么问题类型而设定的课题。

Obstacle（克服障碍）& Resolution（解决收尾）

Q（设定课题）的下一个步骤为O（克服障碍）。在O的阶段，要解答Q阶段所设定的课题，换句话说，这个阶段的工作重点是找回C阶段打破的安定感。

"恢复原状型"问题，在O阶段要提到"说明状况""预防隐患"的故事，O阶段一定要分析诱发原因，"追求理想"的故事，O阶段一定要说出实施策略。

在最后的R阶段，进行总结，在直播带货中，可以讲解产品的卖点。

举一个例子：

SC：大家还记不记得前几年有一部特别火的电视剧叫《都挺好》，里面有个角色叫苏大强，眼袋特别严重。我有几个好朋友就跟我说，她们特别害怕自己也长这么大的眼袋，大家是不是也有这样的烦恼呢？

Q：那有什么办法可以缓解我们的"眼袋危机"呢？

O：那我就要给大家推荐我们这款美容仪了。

R：这个美容仪不仅可以消除黑眼圈、脂肪粒，还能预防眼袋，不仅如此，价格还特别划算。

6.2.2 销售产品的展示方法

（1）常见的产品展示方法

对于一般的产品，可以采用材质展示和对比展示，材质展示即在镜头前展示产品的各项材质，并详解该类材料的优点和特质。对比展示是指比较两个同类产品的材质、功能、结构、设计等要素，得出产品的优点。

对于一些功能性产品，可以通过结构展示、操作展示、功能展示等对产品进行示范性展示，以引起和提高消费者的尝试兴趣和试图改变其购买习惯，最终促使其产生购买行为。

结构展示即演示产品的内部结构特征，详解该特征产品结构的原理和优越性。操作展示即讲解各项功能的实际操作步骤，表现产品的使用便利性和安全性。功能展示则指全面演示产品的各项个性化、独特化的功能，并讲解各项功能能够为消费者带来的利益。

（2）适合示范展示的产品

现在采用直播间示范展示的产品种类越来越多，总体而言，适合示范展示促销的产品通常有以下几种。

- 演示效果非常明显的产品

演示效果立竿见影才能促使消费者购买，如果演示后效果不明显，或者要一段时间才能看到效果，就不适于使用示范展示促销。

比如某款净水器，为了让消费者感受到净水器的神奇功能，主播在直播间策划了一场集合产品展示、品牌答疑、饮水体验于一体的示范展示活动。在数万直播间粉丝的围观之下，主播将墨水、洗衣服的污水等无法饮用的污水倒进水箱，经过净水器的处理后，打开水龙头放出净水，请直播间现场的工作人员喝，并请大家说出自己的真实感受。

● 有独特卖点的产品

如果直播间的产品与其他同类的产品相比，没有什么新的、更为优越的性能功效，一般就不要做示范展示，因为即使做了演示，也不能激起直播间观众的购买欲望。

与竞争直播间相比具有新的、更加优越的独特的卖点和功效，而且产品的品质和功能可以强有力地支撑这一卖点，通过示范展示可以迅速地让产品的特点表现出来，可以有力地打击竞争对手。

比如某品牌一款不用洗衣粉的洗衣机，在销售该款产品时，主播在一块布料上倒上酱油，待上一会儿，然后将它放进洗衣机里，经过一个程序的洗涤，布料光洁如新。直播间粉丝有的表示赞叹，有的表示不相信，针对这些质疑的声音，带货主播介绍了洗衣机的工作原理，洗衣机里面有两个活性氧发生器，当自来水经进水阀进入活性氧发生器时，活性氧发生器产生的活性氧即溶于水，从而改变水的性能，活性氧对衣物上的金属氧化物、碳、油脂类有机物及一些残留的化学物等污垢进行氧化分解，从而达到洗净衣物的效果。同时，还能利用活性氧超强的氧化力去破坏细菌的细胞膜，将细胞杀死。

（3）示范展示的操作要点

● 突出产品重点

①突出演示的重点。

示范展示时，必须演示出产品最能吸引消费者的主要优点和消费者最关心的利益点，才能真正吸引消费者的兴趣，从而达到销售的目的。不要去证明那些消费者认为可有可无、用处不大或者根本就不关心的产品优点。比如切菜刀的示范演示必须证明刀快，砍切硬物不卷刃；洗涤用品的示范演示必须证明洗得干净；防盗门的示范演示必须证明安全性能好，没有钥匙无论如何打不开；空调机的示范演示必须证明降温快，噪声小，耗电省等。

同时演示时间不要太长，不要过于全面，不要对产品的每种使用价值都进行演示。全面、过长的演示会使消费者感到不耐烦，特别是在演示一种消费者不熟悉、结构复杂的产品时，更是如此。

在买方市场的形势下，演示活动更要讲究效率，要将促销与演示有机地结合起来，积极谋取促销之策。在演示活动中，演示人员并非只限于悠然自得地介绍新产品，而应向消费者做促销和积极的推荐。配合诸如赠品、优惠等促销诱因，能迅速有效地达成实际的购买。

②把握演示的要点。

把握演示的要点有两层含义：一方面要把握演示产品的主要功能特点；另一方面要把握好演示过程中的要点和消费者关心（担心）的疑点，让演示更加可信和规范化。

如食品演示时就需要把握安全、卫生等演示的要点，需要注意以下几个方面：即使离开演示台一分钟，也要把热的食品和食用油拿开；演示人员要把头发束好，以免碰到食物和设备。

③从特点到优点到利益点。

主播的讲解水平可分为3个层次：特点的讲解、优点的讲解与利益点的讲解。

3个层次的表现依次为：

①主播能简单地讲解产品的基本特点。

②主播能讲出产品优于其他品牌产品之处。

③最大限度地站在用户的角度讲述产品给用户的生活带来的切身变化和实质利益。

前两个层次讲解的出发点都是站在产品和企业的角度，第三个层次是站在消费者的角度，讲解的内容和方式也都是非常生活化、人性化并具有亲和力的，并不是机械的和功能化的，这是主播应该努力达到的境界。

④通过比较，突出重点。

消费者在购买产品时，都喜欢货比三家，特别是一些耐用消费品，消费者总是要对其价格、功能、质量等方面反复比较之后，才做出购买决定。

在对促销产品进行示范展示的同时，可以巧妙地对比竞争产品做同样的演示，以区别优劣。

如某款纯牛奶一直以来就突出其“香浓”的卖点。

某直播间在售卖该款产品的时候，现场邀请了几个消费者对几个品牌的纯牛奶进行品尝和体验（没有明显的标注竞争品牌），找出最香最浓的牛奶，通常消费者都认为某品牌的牛奶最为香浓，这样消费者也就深深地接受了直播间售卖的这个品牌。

- **演示生动化**

①演示要有创意。

在直播日渐爆火的同时，行业已经出现同质化严重的直播场景：多角度明亮的大灯，妆容精致的主播等。没有创意、枯燥乏味的演示活动已经很难吸引消费者的眼球，更别说让消费者留在直播间了，所以带货直播间的演示场景和演示方式正在被越来越多的直播团队所重视。

某直播间为了验证某款保暖内衣“保暖、透气、抗风、导湿、抗菌”等特点功效，在直播间推出了现场演示活动。一台超大功率的冷气扇被搬到现场，制造出类似南、北极地与青藏高原的寒冷状况。在直播间众多粉丝的见证下，身着该款保暖内衣的模特，进入直播间，尽管冷气扇呼呼吹，但他们丝毫也未感觉到冷，经过展示，直播间销量达到了一个小高峰。

无独有偶，在一个高温的夏天，羽绒服“鸭鸭”品牌的运营团队爬上西藏海拔5000米的雪山，以白茫茫的雪山为背景，在呼啸的寒风中开启了直播带货。抱着对直播内容的好奇，众多观众点进直播间，“鸭鸭”品牌也凭着“雪山直播卖羽绒服”的话题冲上了抖音热搜榜。新奇有趣的创意演示和敢为人先的执行力快速出圈，使得该品牌吸引了大波关注，两天销售额破百万元。

②演示效果要明显、直观。

通过对产品的示范展示，要把产品的性能、特色、优点明显、直观地表现出来，使消费者立刻对产品有所了解。如果演示后效果不明显，或要过一段时间才能看出效果，直播间粉丝就会纷纷离去。

某直播间在对某款洗衣粉做示范演示时，演示人员先把酱油、菜油、西红柿汁、菠菜汁、泥浆泼在一块白布上，白布一下成了“大花脸”；然后把该品牌洗衣粉撒了一些在白布上，放在水里搓了几下，污渍就不见了踪影，显得洁白、干爽。由于产品效果非常明显，立竿见影，吸引了很多粉丝购买。

③演示要有趣味性和戏剧性。

示范展示表演最好具有趣味性、戏剧性，才能吸引大量粉丝停留在直播间。如有一名主播，为了证明两种洗涤用品的去污能力，把墨水、酱油之类的东西泼在自己白衬衣的袖子上，然后再演示洗涤效果。如果洗不干净，就穿着这个脏袖子直播，这一举动吸引了很多粉丝在直播间停留。

● 演示规范化

提高演示促销程序的规范性，其主要目的就是提高促销活动本身的品位与档次，塑造一个良好的促销氛围，给消费者信心，进而提高主播形象与品牌形象，在增加促销成功机会的同时，通过促销活动本身的统一性，对主播形象与品牌形象进行传播。

采用示范展示的方式进行促销时，应为演示及促销人员设计好一套标准促销用语和促销动作。将演示活动流程化，有利于规范地运作演示活动。同时流程的设计尽量细化和具有可操作性，如演示前的准备工作；需准备的物品清单；演示过程中的合理化程序等。

6.2.3 引导用户下单的技巧

（1）福利刺激下单法

福利刺激下单法就是在直播间拿福利，如价格福利和赠品福利等，吸引粉丝停留，降低粉丝购买决策难度，刺激粉丝消费，并最终在直播间成交的方法。这是直播间常见的方法之一，它不仅可以提高粉丝停留时长，增加同时在线人数，提高销售额，而且还可以帮助主播吸引粉丝关注。

了解了福利刺激下单法的概念之后，接下来就是如何实操，分为3个步骤。

● 做好选品和议价

这是基础环节，也是很关键的一步。选品要符合主播人设和直播间主题。比如直播主题是晒后修复，产品就要围绕晒后修复的主题，如何做好舒缓镇定，如何选择皮肤屏障修复类产品，以及后期如何做好防晒工作。思路清晰之后，再来匹配相应产品，那么选品的精准度就会高很多。

选品确认之后，接下来就是和商家议价。高性价比的产品，更能提高直播间的转化率。对于很多小主播和腰部主播来说，高性价比产品直接会提升销售转化率，还可以提升主播人设，进而提高主播转粉率。议价之前，要做好同平台、同规格、同类别产品的价格比较，并结合产品的历史价格，尤其是“618”和“双十一”的价格，做好议价工作。原则就是：一件的价格谈到最低，然后谈多件的价格。比如食品类目，可以谈第二件半价，或者第三件0元，类似的方法来把直播间的客单价提高。价格谈好之后，尽量要赠品，小样、中样或者旅行装都是福利。

● 做好预热工作

预热工作的好坏直接影响到直播间的粉丝观看和转化率。

拿下产品福利之后，第一要务就是要通过多渠道让粉丝知晓，比如微博、微淘、小红书、朋友圈和直播间等渠道，选择流量高峰期，多渠道预热。其次，制作精美的海报和短视频，做好种草工作。最后，直播间可以提前1～3天剧透产品，引导粉丝收藏和加购。部分涉及领券的产品，可以提前释放部分优惠券，作为粉丝福利。

● 直播间正式售卖

万事俱备，接下来就是直播间的售卖了。福利是最大的利益点，直播间就是要把利益点展示得淋漓尽致。

首先，制作KT板或者飘窗图，明确告知粉丝具体福利，包括买1件的福利，是通过领券还是拍立减，优惠多少元，最终到手多少钱，买2件或者3件最终到手价多少，有几件赠品，赠品细节是哪些。这样粉丝就不会来直播间重复问优惠细节，也将直播间评论更聚焦到产品售卖上。

其次，通过准备好的脚本，把产品卖点介绍好，加上价格福利和赠品福利的刺激，刺激老粉丝和新粉丝下单。主播一定要通过口头的形式把福利介绍得明明白白，并能快速回答有关福利的细节，告诉粉丝怎么买最划算。

最后，就是和商家商量好方法，比如限时法或者限量法，把直播间互动和抢购氛围做好。

（2）现场连麦下单法

现场连麦下单法是目前很多主播都在用的方法，通过在直播现场和品牌负责人，或者店铺运营负责人连麦，二者一起售卖产品。连麦过程中，品牌方会协助主播一起讲解产品，包括品牌文化、企业文化、企业资质、获得荣誉、产品特征、优势等内容，主播会根据自己的理解，参与到产品的讲解中。产品介绍完毕之后，主播会开始和商家现场砍价、要赠品等，最终达成销售。

了解了现场连麦下单法的概念之后，接下来就是如何实操，分为3个步骤。

- 连麦产品的选择

选品是连麦法的关键，并不是所有的产品都适合连麦法。当然，直播间只做连麦的主播除外，他们的选品全部是用来连麦的。

适合连麦法的产品一般以以下几个类目为主：

护肤品类：比如面膜、精华、水乳等，客单价高，佣金高，或者可以囤货。

食品类：比如锅巴、燕窝等，粉丝可以囤多件。

玉石类：客单价高，佣金高，价格上可以发挥的空间大。

主播可以根据当场直播的货品结构，选择最适合连麦的产品。除了产品本身之外，商家端也是很关键的因素。商家是否愿意连麦，是否有连麦经验，是否对产品和销售方法熟悉也是需要考虑的因素。总体来说，一般主播会选择客单价高、佣金高的主推款商家来连麦。

- 做好连麦前的沟通

这是很关键的一环。连麦直播中，商家相当于一个辅助销售员，没有提前沟通好会直接导致翻车事件。连麦前需要沟通以下4个内容：

连麦人选：一般会选择品牌负责人或者运营负责人，他们对品牌和产品了解，能够准确说出产品的特征和价格，快速做出直播间决策。

连麦脚本：这是核心，包括打招呼的内容、如何介绍产品、如何互动、价格如何逐级降低、如何增加赠品等，需要提前演练和熟悉。

连麦时间：就是具体的连麦时间，一般会提前给商家一个时间段，方便商家提前准备好直播内容，并安排好相关人员，比如客服人员在指定时间段要多安排人，运营人员要守在电脑旁，随时可以加减库存或者调整页面。

营销方法：直播间的具体方法，比如限时法或者限量法，把直播间互动和抢购氛围做好。

- 直播间连麦销售

基础工作做好之后，接下来就是直播间的现场连麦了。这是存在变数最多的地方，因此需要做好详细安排：

一方面，人员分工要明确。场控总负责，助理做好手头的工作，尤其是场控，需要根据直播间的舆论和在线人数，快速调整策略，同时控制好时长，直播节奏不能乱。此外，助理要和商家运营进行紧密沟通，联系方式全部要到，快速执行和解决问题。

另一方面，连麦过程中，一定要具体问题具体分析，不要让粉丝一眼就看出满满的套路，议价要自然，商家要表现出面露难色，并且有节奏地退让，尤其是直播间粉丝已经厌烦的时候，快速给结果。

（3）饥饿营销促单法

我们经常会在主播直播间听到“最后5分钟”“最后1分钟”“最后500件”和“最后100件”，这是什么营销方法呢？其实，这就是饥饿营销促单法。通过在直播间营造产品库存限量、秒杀时间限时的氛围，结合商家库存配合的上下架，人为制造饥饿营销，刺激粉丝冲动购买。这是最常规的营销方法，需要商家端和直播间的双重配合。

了解了饥饿营销促单法的概念之后，接下来就是如何实操，分为3个步骤。

- **做好选品和议价工作**

这是基础环节，也是重要一步。选品要符合主播人设和直播间主题。比如主播人设是个时尚买手，那么他直播间的产品就要往时尚买手的方向去选择。有设计理念、有风格、质量过关的产品，更能贴合人设。思路清晰之后，再来匹配符合人设的相应产品，那么选品的精准度就会高很多。

高性价比的产品更能提高直播间转化率。选品确认之后，接下来就是和商家议价。对于很多新手主播来说，没有高性价比产品是无法做好销售额突破的。议价之前，要做好同线下商超、同平台不同品牌的价格比较，并结合产品的历史最低价格，做好基础工作之后，再和商家进行议价谈判。这个原则一直就是：一件的价格谈到最低，然后谈多件的价格。比如日化类目，可以谈第二件半价，或者第三件0元，提高直播间的客单价。价格谈好后，开始要赠品，小样、中样或者旅行装都是福利。

- **商家端沟通工作**

饥饿营销促单法离不开商家端的配合。饥饿营销促单法最重要的就是时间的控制，比如拍立减的，直播间说限时5分钟，那么和商家沟通好，5分钟之后就要结束，不能一直拖着不停，长此下去粉丝就疲了。说好的5分钟，到了之后就结束。假如直播间呼声高，可以和商家沟通，再延长一下。限量法也是一样，初始库存卖完之后，要有下架的操作，这样饥渴感才会更强。因此，商家端的沟通就很关键，一定要安排专人负责店铺的操作，这个人需要对后台操作很熟悉，而且配合度高，响应速度快。

- **直播间互动销售**

与商家沟通好之后，接下来就是直播间销售了，需要做到以下3个步骤。

第一，做好直播间优惠和福利的宣讲，多次强调产品的限时性，或者库存是限量的，营造抢购的氛围。

第二，通过提前准备好的产品讲解脚本，把产品卖点介绍好，并把福利说完整。快速回答直播间有关福利的细节，强调限时性或者限量库存。

第三，安排好商家端销售助理的配合，销售前的引导、销售中的配合，以及销售后的捡漏引导。并及时与商家对接人密切沟通，快速做好产品的上下架工作，让直播间有序、有节奏地进行。

（4）价格对比成交法

价格对比成交法就是直播间通过比较产品不同渠道的销售价格，让粉丝消除购买疑惑，从而因为价格优势而下单的方法。

了解了价格对比成交法的概念之后，接下来就是如何实操，分为3个步骤。

- **拿到议价结果**

确认了产品之后，接下来就是和商家的议价。如何拿到低于市场一般的销售价格是关键。有三个技巧：一是和大主播同价或者略高于大主播，比如大主播卖19.9元，我们可以比他贵一点，比如20元，或者20.9元；二是佣金上的让步，可以适当降低佣金比例，把价格压下来，这样就更加有优势了；三是多推荐一款产品，让商家销售额最大化。确认了议价之后，后续的工作才更好操作。

- **收集对比资料**

这是核心，那么如何拿到有说服力的对比资料呢？一般有4个渠道：

第一个渠道，本款产品之前的销售价格，以及历史最低价，对粉丝来说，只要和历史最低价持平，或者略低，都会极大刺激粉丝下单。

第二个渠道，同平台其他品牌的同规格产品，对比销售价格、历史最低价、其他主播销售价格，多规格的需要计算出每一袋或者每一件的价格。

第三个渠道，不同平台本款产品的销售价格，包括优惠力度和规则对比。

第四个渠道，就是线下销售价，比如屈臣氏、沃尔玛或者其他大型商超的价格，拍好销售价的照片，这是最具说服力的资料。

将这些资料收集好，拍照、截图或者录制视频，保存到手机、iPad或者电视墙上，直播的时候就可以快速拿出来展示。

- **直播间展示**

资料准备完结之后，接下来的工作就是直播间的销售展示了。一般来说分为以下几步：

首先主播会进入常规的讲解环节，并在讲解中铺垫其他产品的销售价格，在直播间发问："宝宝"们觉得这款产品今晚的销售价格是多少？引导粉丝直播间刷屏价格并积极互动。

接下来，开始展示竞争产品的价格，包括前面提到的同平台不同品牌的价格，然后就是本品牌其他平台或者线下的价格，做一个价格对比的铺垫。

最后，就是揭晓产品销售价的时候，根据之前的铺垫，直播间把到手价拿出来，再拿线下的价格做一个最后的对比，计算出可以给粉丝省下来的钱，印证出在我直播间购买，性价比最高。

随后就进入日常的销售方法中，催单工作一样都不能落下，对比价格可以多次展示，或者做成KT板，让新进来的粉丝一眼就能看出价格的对比，把帮粉丝省下来的钱用红字标记出来。那么老粉丝和新粉丝就会重复接收到高性价比的信号，从而带动成交。

第 7 章

视频创推

知识目标

1. 了解视频制作的概念。
2. 认识视频制作软件。
3. 掌握视频制作策划。

技能目标

1. 能准确进行视频定位。
2. 可以灵活进行脚本设计。
3. 掌握分镜头设计、短视频布景、拍摄手法等。
4. 能够运用视频推广的方法进行有效推广。
5. 能制作爆款短视频的标题。

职业素养

1. 能进行团队合作。
2. 具备劳动精神和专业精神。
3. 具备较强的沟通协调能力。

7.1 视频制作概念

通常意义上，大众所提到的短视频，一般指的是在互联网新媒体上传播的时长在5分钟以内的视频短片。进一步地，可以更加清晰地界定，它应该适合在各种各样的新媒体平台上播放，应该适合用户在移动状态或短时间的休闲状态下观看，应该具有较高的推送频次和相对较短的时间长度。短视频的特征如表7–1所示。

但是，对于短视频的时间长度问题却恰恰是最难定义的。快手将57秒定义为短视频产品的工业标准；抖音限定了一个更短的15秒作为“抖音标准”，但2019年4月，抖音还是向所有用户开放了1分钟视频的权限，并在几个月之后，进一步将其平台的短视频时长限制延长到了15分钟；微信（6.5.1版本）则在2016年12月上线短视频功能的时候，将用户发布到朋友圈的随拍短视频限定在了更短的10秒钟内。

表7–1　短视频的特征

短视频特征	具体内容
短	短视频时间较短，一般在15秒～5分钟，在最短的视频时长内，最有效地讲好故事，做好营销
小	话题一般不大，有聚焦，小而美，能够有情感、有价值观、有用户共鸣
轻	内容轻快明了，一般不会太沉重
薄	短视频想表达的内容像一层薄薄的透明保鲜膜或者窗户纸那样，一看就能看透，一戳就能戳破
新	新鲜、新颖、新奇、新意等
快	热点转瞬即逝，话题转眼就没，短视频终归是在互联网、移动互联网上传播的，互联网领域非常重要的一个法则就是唯快不破
碎	短视频的内容一般是碎片化的，而用户也会利用碎片化时间观看短视频

7.1.1 视频制作硬件

一般来说，一个非常成功的视频账号必然有比较完备的“团队”，会有拍视频的、出镜的、运营的，甚至还会有导演、编剧等分工。如果没有强大的团队，那就需要确保有比较完善的硬件。

当然，最主要的是手机像素要好，手机性能越高，拍摄视频的效果越好，现在很多手机在摄影方面都十分优秀，也可以考虑通过以下硬件进行辅助性“性能提升”。

（1）手机稳定器

拍摄视频时，画面不和谐的抖动看起来十分尴尬，虽然有些手机自带防抖，但是在实际拍摄中的效果并没有那么好。因此单纯地用手机来拍摄还是很难实现电影级别的画质感，所以手机想拍出电影般的效果需要一些辅助工具，手机稳定器就这样应运而生。

简单来说，手机稳定器是一种简单便携的手机拍摄辅助工具，如图7–1所示，它成功地将无人机摄像头上运用自动稳定协调的技术移植到了手机拍摄上，实现了拍摄过程中的稳定平衡。同时，各大品牌型号的手机稳定器又为手机拍摄赋予了更多更专业、更便捷的方式和功能。能够在拍摄过程中让画面更稳定、更清晰和更具艺术感，是拍Vlog、出外景、户外直播等活动的首选工具。

（2）手机录音麦克风

随着5G时代的到来，超快的传输速度将进一步促进短视频的流行。而用手机拍摄除了考虑视频画质外，声音也是很重要的元素，有时拍摄视频时音频源可能会有杂音，也有可能与手机距离远近变化的时候，收音效果不理想。这时候有两个改进方法：一个方法是可以后期配音；另一个方法就是接入手机专用的录音麦克风，轻松解决手机远距离录制视频的收音问题，如图7–2所示。

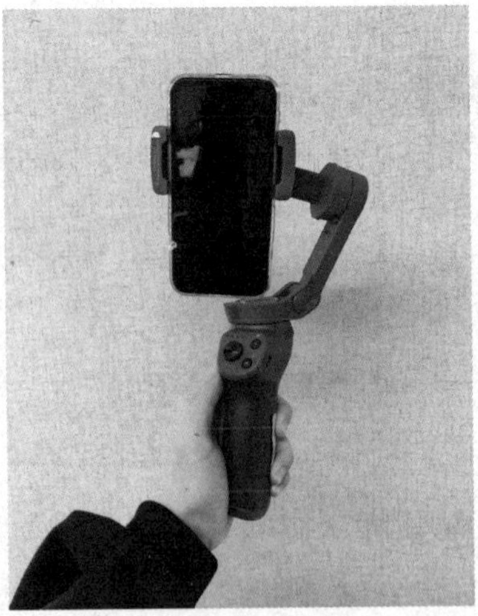

图7–1　手机稳定器

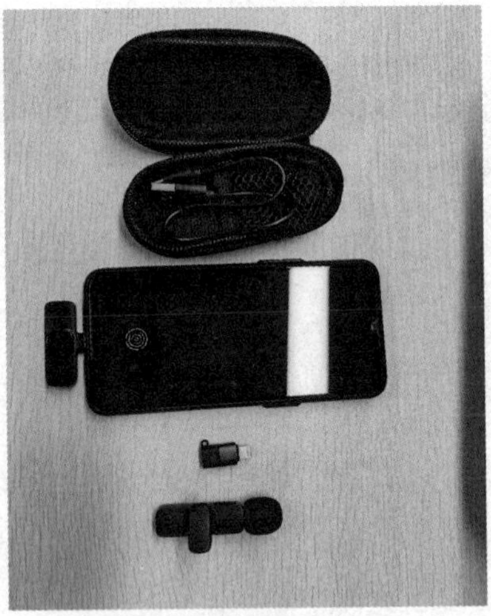

图7–2　手机无线收音麦克风

（3）手机外置镜头

手机外置镜头其实算不上是全新的数码配件，因为自从第一款配备内置摄像头的手机出现开始，围绕着手机镜头而提供的外置镜头配件就一直不断地涌现。只不过在最初的那段时间，这些所谓的外置镜头无一不是玩具一般的存在，其功能无非是将焦距调整一些而已。

近几年，手机拍照发展突飞猛进，像素越做越高，然而虽然手机像素主流已升级到了千万像素级别，但和专业数码相机相比还是有所差距的，比如说微距太近无法拍摄，拍照视野不够开阔等，而外置镜头弥补了这些不足。手机外置镜头一般具有鱼眼镜头、广角镜头、微距镜头和长焦镜头四种，能够使得拍出的视频更具有大片既视感，并且更容易实现高性能相机才能实现的效果。

7.1.2 视频制作软件

企业用途的视频一般是企业用于宣传企业形象、宣传推广产品，它代表对外发声的形象，传达企业文化和精神，一个好的企业宣传视频可以助力企业快速站稳脚跟，扩充市场。相比于后期剪辑来说，前期策划和拍摄更加重要，一定要做好规划。常用的视频制作软件主要有PR、剪映和快影，如图7–3所示。

图7–3　常用剪辑软件

一般而言，剪辑用得最多的专业视频剪辑软件就是Premiere了，简称PR，是目前最流行的非线性编辑软件。它的编辑画面质量比较好、兼容性比较强，是视频编辑爱好者和专业人士必不可少的视频编辑工具。PR提供了采集、剪辑、调色、美化音频、字幕添加、输出、DVD刻录的一整套流程，并和其他Adobe软件高效集成，是PC和Mac平台上应用最广泛的编辑软件，能够满足用户创建高质量作品的要求。

总的来说，PR是一款比较专业的视频剪辑软件，对于新手来说上手难度可能会比较高。在短视频爆火的生态下，平台为了降低创作者的门槛，于是催生出了一批优秀的短视频剪辑软件，其中代表性的软件有抖音官方出品的“剪映”，还有快手官方出品的“快影”，这些软件的开发从短视频用户的角度出发，它们操作简单、界面清晰，就算完全没接触过剪辑的用户也能在短时间内上手。支持的素材库也比较多，特效、贴纸、边框、文字添加以及背景音乐等可以选择的素材很多，而且都是免费使用的。平台为了降低难度，甚至出了很多模板可以让用户在制作的过程中直接套用。

7.2 视频制作策划

不同于微电影和直播，短视频制作并没有像微电影一样具有特定的表达形式和团队配置要求，它具有生产流程简单、制作门槛低、参与性强等特点。

7.2.1 账号视频定位

（1）什么是定位?

定位是整个短视频运作过程中最重要的，也是最容易被忽视的一环。定位，是观众持续关注你的目的。观众为什么要关注你？你必须给观众一个清晰的印象，它将直接关系到账号的成功和失败。注意这里说的是“运营定位”，而非变现模式。很多人认为定位就是他/她运作的表现模式，比如卖衣服的，那么定位就是卖衣服，这显然是外行。

定位，简单说就是在短视频这个生态里，告诉观众，你要持续提供什么调性的内容。举一个例子，就像现实生活中交朋友，请大家回顾和想象一下，生活中的朋友，随便想一个名字，是不是一定会有个标签浮现在你的脑海里？比如这哥们总是喜欢借钱，你的小学同学怕老婆，小明酒量明明不大却喜欢喝酒，小丽特别虚荣。你也可以随便想一个电视节目，一部电影，是不是马上就会有更多的标签在你的脑海里浮现出来？抖音也是一样，短视频号本身也是有人设的。

（2）为什么要做定位?

首先是平台的喜好。当下所有的互联网平台都一样，微博、抖音、视频号等平台都希望可以扶持持续在特定领域产出垂直内容的账号，就像是各种达人账号一样。其次就是吸粉，让观众认识到你的差异化。其实整个短视频的运营，就是用最优化的方式，去打造短视频的调性（账号本身的人设），未来所发的每一条短视频，都必须对这个号的基础调性形成辐射和支持作用。只有这样，账号才能在大家的脑海中形成鲜明的印象，对所输出的产品、品牌和价值观，还有最终的变现目的带来驱动力。

简单来说，短视频定位可以分为五个部分：领域定位、内容定位、风格定位、市场定位和稳定更新。

● **领域定位**

不仅自媒体平台有领域划分，短视频平台也有领域划分。可以选择自己喜欢的、擅长的、熟悉的领域来做，如果是一个宝妈，对育儿类的内容很擅长，那么就可以选择育儿领域输出内容；如果是一个美食专家，对美食类的内容很熟悉，那么就可以选择美食领域输出内容。可以选择一个领域，但不可以每个领域都做。如果今天做美食明天做育儿，就很容易导致定位混乱。而要做到的是，观众提起“育儿”的时候，就能想起来你的账号，这样才是一个成功的领域定位。

● **内容定位**

发短视频就像发朋友圈一样，随手一拍就上传或者想拍什么就拍什么，如果做抖音只是为了玩，当然可以这样做，如果想要通过抖音实现商业变现，这样做肯定不可能达到想要的效果。做短视频最重要的就是要向观众传递价值，只有观众看完你的内容觉得对自己有用，才会关注你的账号，成为你的粉丝。创作的内容也要遵循这个准则，最好的办法就是输出干货类的内容，很多内容可能你不以为然，但是对于其他人来说就是知识和技能。

● **风格定位**

经常刷抖音的人会知道，抖音上面有很多真人出镜的视频，也有很多图片翻转的视频。

你喜欢讲述道理还是传递知识？你是幽默诙谐还是犀利毒舌？这些都是要确定的风格，风格定位其实就是长期使用一种表达方式，从而形成在观众心目中的印象。如果你在某个领域有专业的知识，那么尽可能地要选择真人出镜类的视频，因为这样可以更加形象地展现在观众面前，也可以让观众认为你更加真实。如果实在不想真人出镜，也可以戴口罩或者面具，这样也可以呈现出与众不同的风格，让观众更加容易记住。

- **市场定位**

做好了前几步的定位，接下来就来讲讲如何进行账号的用户定位，也就是如何让账号更加值钱，实现商业化运营。

定位用户群体主要从以下3个方面进行：

①产品价值。对产品的需求是否足够强烈，只有对产品有需求的用户才是有价值的用户。可以通过检验的方法确定产品和用户是否对口。

②商业价值。也就是说群体大小、消费能力、传播能力，根据用户群体消费能力的大小来针对性地选择产品，消费能力是商业化的关键因素，如果用户群体消费能力很低，那就要考虑是否要转换群体了。如果内容对用户很有价值，那么用户自然就会为你传播内容，你的用户群体也会越来越大。

③获取难度。获得用户的成本一定要低于商业价值，如果获得用户的成本很高，那么就要考虑换一个途径了。最好的办法就是通过短视频获取用户，一个爆款很容易就可以获得几百甚至几万的用户，成本非常低。

- **稳定更新**

稳定更新是最重要的环节！

那些几十万粉丝和上百万粉丝的抖音号除了定位精准、聚焦行业，更新实用的内容，最重要的就是每天或者每周更新至少1个原创优质视频。只有通过不断地稳定更新才能增加用户对这个抖音账号的黏性。

建议大家做抖音账号时只有账号定位越清晰，在运营抖音号的时候才会更轻松，涨粉的时候更容易，引流的效果更好，那么在抖音变现的时候也会更加简单。所以当账号领域越垂直时，效果就越好，账号才会越值钱。

7.2.2 账号视频脚本设计

说起脚本，我们大概都听过影视剧脚本、剧本，偶尔可能在某些综艺节目里听过台本，其中剧本是影视剧拍摄的大纲，用来指导影视剧剧情的走向和发展，而台本则是综艺节目流程走向的指导大纲。那么，短视频脚本是什么，短视频脚本怎么写？

（1）短视频脚本是什么

脚本是指表演戏剧、拍摄电影等所依据的底本或者书稿的底本。短视频脚本则是指拍摄视频所依靠的大纲底本。短视频脚本是故事的发展大纲。在拍摄视频前，需要在视频脚本中确定故事的整体框架，包括故事发生的时间、地点；故事中有哪些人物，每个人物有哪些台词、动作及情绪的变化；每个画面拍摄的景别分别是什么，用哪些拍摄手法来突出特定场景的环境、情绪等。

这些细化的内容都需要在撰写短视频脚本时确定下来，在视频中期拍摄与后期制作的时候就可以以此为依据。

（2）短视频脚本长什么样

一个基本的短视频分镜头脚本主要包含：摄法、景别、画面内容、台词等内容，可以根据自己制作短视频的需求，酌情添加或者删减，然后根据最终的脚本模板填充内容。当然，根据不同的情境设计，账号定位垂直需求，视频脚本模板的内容也不尽相同。

短视频脚本常用的模式为分镜头脚本，具体如表7–2所示。

表7–2　分镜头脚本案例

镜号	画面内容	景别	摄法	时间	机位	台词/歌词	音效	备注
1	城市夜景（以光谷为例）	远景		9s	固定机位，摇镜头	音乐前奏		
2	男坐在床上，把头深深埋进了膝盖里，月光打在身上显得很落寞	特写	固定镜头	8s	侧前方	夜深了，我还为你不能睡		
3	床头柜上的闹钟指针显示现在凌晨四点多	全景	以闹钟做前景，男在镜头里虚化	7s	正前方	黎明前的心情最深的灰	指针走动声	
4	男手上拿着一张女孩的照片，看得深沉，笑得无奈	特写	从手部慢慢推到照片	8s	俯拍	左右为难的你不知怎样去面对		
5	男慢慢抬起头，侧过脸，盯着床上到处散落的照片，一张一张都是回忆	中景	男给中景，然后慢慢拉到全景	7s	侧前方	我能做的只剩沉默体会		
6	男拿着相机在街上拍照	远景	固定镜头	8s	平拍	爱情是让人沉溺的海洋		
7	切到镜头5	全景	移镜头，从侧后方移到侧前方	8s	侧后方	孤单的时候想要去逃亡		
8	切回到男拿着相机转身准备找其他的地方拍	全景	固定镜头	4s	男生侧后方	转身的一瞬间		
9	女戴着耳机安静地坐在椅子上，好像在哭，也许是被感动了	远景	以第一视角平拍	4s	正面	你出现在我身旁		
10	女在哭	中景	俯拍	2s	侧面	你的眼泪		
11	男站在女生远处，想要去安慰却不知如何开口	中景	移镜头	4s	正面	让我不敢开口讲		
12	女擦着眼泪从男身边走过	中景	固定镜头	4s	后方	我想大声告诉你		

（3）视频脚本有什么用

视频脚本主要是用来确定故事的发展方向，指导短视频的拍摄剪辑。短视频脚本给后续的拍摄、剪辑提供了一个精细的流程指导，拍摄时只需要顺着流程往下走，就能快速完成拍摄，提升效率。

短视频虽短，但每一个画面，每一句台词都需要精雕细琢，包括每一个场景、景别、道具、动作、音乐等，在这样的精细化拍摄和剪辑中完成的视频才能给观众最优质的视觉呈现。而如果在拍摄前没有写短视频脚本，在拍摄时就可能会出现各种差错。例如，道具不齐全，所有参与拍摄的人员全部停下来等道具；拍摄进行到一半，发现场景没有代入感，又要换场景重新拍摄；又或者台词准备不充分，中途演员和编导重新策划台词等，最后，人力、物力、财力耗尽，我们所期待的优质内容却没有拍出来。

（4）写短视频脚本的5步骤

- 拟大纲，建框架

短视频脚本列大纲的目的在于提前设计好人物、环境相互之间的联系。根据账号定位确定故事选题，建立故事框架，确定角色、场景、时间及所需要的道具，然后根据这些“道具”开始创作故事。

- 定主线，有支撑

脚本是一个故事的灵魂，也就是所作短视频的核心，不管是搞笑还是剧情类脚本，故事有价值才能作为脚本的支撑力。

- 场景设计

虽然影视剧常常有“绿布”场景设置，但短视频不同于影视剧的一个特点在于短、平、快，制作成本低，且要在短短几分钟内甚至一分钟以内表达一个主题，利用真实场景更能让人有代入感。

例如你要拍摄办公室故事，却将拍摄场景定在卧室，不仅没有代入感，也没有真实感，无法让用户产生观看的欲望。

当然，如果你的制作成本没有上限，且团队的拍摄剪辑技术精良，也可以尝试使用更多特效来丰富你的视频场景。

- 对时间的把控

这里所说的时间把控，主要是留住用户的技巧。一个一分钟的视频脚本怎么写？你需要在15秒左右的地方设置一个反转或者爆点，留住用户。

- 主题升华

用户喜欢什么样的视频？会点赞哪些内容？答案是对他“有用”的。

这里的有用可以是技能上的，也可以是情绪上的。例如，你的“鸡汤”让他感同身受，你的“干货”让他“受益匪浅”，只需要一个“价值点”，就有可能让用户点赞、评论甚至收藏。

所以，你在写短视频脚本时，一定要在内容中升华主题。

（5）短视频脚本的三要素

要素一：设置冲突和转折。

在故事发展的过程中，情节突然走向一个意想不到的方向，给用户带来一个“原来如此”的时刻。这个转折不一定要反差很大，可能仅仅是镜头上的转折，比如意想不到的镜头组接，或者场景的切换，同样可以让观众发出惊叹。

要素二：熟练掌握不同景别及运镜方法。

景别和运镜是短视频脚本中的两个核心要素。

景别：远景、全景、中景、近景、特写。不同的景别下的人物所突出的情绪和动作不同。

运镜：推、拉、摇、移、跟、升降摄像，前推后拉、环绕运镜等镜头运动。不同的镜头运动方式所产生的画面效果也不一样。

要素三：气氛的烘托（音效）。

在视频中搭配合适的音乐、音效，烘托不同的气氛场景。比如拍摄美女帅哥的网红，往往选择流行和快节奏的嘻哈音乐；拍摄传统文化，则需要选择慢节奏的中国风音乐；拍摄运动视频，就要选择节奏鼓点清晰的音乐；拍摄育儿和家庭剧，可以选择轻音乐和暖音乐。

7.2.3 分镜头设计

分镜头脚本是创作影片必不可少的前期准备，如果脚本创作只是整个故事发展的大致脉络的话，那么分镜头脚本就是细致到故事的每一帧画面该如何呈现。

分镜头脚本就好比建筑大厦的蓝图，是摄影师进行拍摄，剪辑师进行后期制作，也是演员和所有创作人员领会导演意图，理解剧本内容，进行再创作的依据。同时，它也给影片的时长和预算提供了重要参考。

分镜头脚本一般按镜号、镜头运动、景别、时间长度、画面内容、广告词和音乐音响的顺序，画成表格，分项填写。对有经验的导演，在写作格式上也可灵活掌握，不必拘泥于此，比如可以加颜色、辅助线、文字说明等，最主要的目的是为创作服务。

①镜号是每个镜头按顺序地编号，从1开始计算。拍摄时不一定依次按编号拍摄，因为一条视频可能会涉及多个场景，所以要几场拍摄，比如内、外景不同场次要分开拍，遇到一条视频同一个场景会在不同的时间多次出现，通常会在拍摄的时候就尽量先把同一个场景的内容拍摄完，避免重复换场地浪费时间和人力，但编辑时必须要按顺序编辑。

②镜头运动是指摄像机镜头调焦的方式，镜头运动可以分成推镜头、拉镜头、跟镜头、摇镜头、移镜头、升降镜头、降镜头、旋转镜头、静镜头等，不同的镜头运动方式，所产生的画面效果也不一样，如表7–3所示。

表7–3　镜头运动的作用

镜头	作用
推镜头	突出主体人物细节，突出重点形象或情节
升降镜头	用来展示事件或者场面的规模气势，还能表现画面内容中情感状态的变化
前推后拉	突出主体，能够让观者的视觉逐步集中
环绕运镜	能够突出主体、渲染情绪，让整个画面更有张力

推：即镜头向前推，同时被摄物体不需要移动，画面中的被摄物逐渐被放大。推镜头又分快推、慢推、猛推，用来表现从远到近、一步步走近观察。

拉：即镜头往后拉，同样被摄物体不需要移动，由拍摄设备做向后的运动，画面中的被摄物逐渐被缩小。拉镜头也可分为慢拉、快拉、猛拉，从主体扩大到整体，用来表现环境。

摇：即拍摄设备做上下、左右、旋转等运动，使观看者犹如身临其境，会跟随画面四周环顾。

移：即移动拍摄，指沿水平面在移动中进行拍摄，移动镜头可以让不动的物体产生运动的效果。

升：上升拍摄。

降：下降拍摄。

俯：俯拍，常用于宏观的展现环境的整体面貌。

仰：仰拍，常带有高大、庄严的意味。

甩：甩镜头也叫扫摇镜头，指从一个被摄体甩向另一个被摄体，表现急剧的变化，可以作为场景变换的手段，也可以表达物体运动的速度极快。

跟：指跟踪拍摄。“跟移”是一种拍摄方式，还有“跟摇”“跟推”“跟拉”“跟升”“跟降”等，即将跟摄与拉、摇、移、升、降等20多种拍摄方法结合在一起，同时进行。总之，跟拍的手法灵活多样，它使观众的眼睛始终盯牢在被跟摄的人或物上。

空：亦称空镜头、景物镜头，指没有剧中角色（不管是人还是相关动物）的纯景物镜头。

综：指综合拍摄，又称综合镜头，是将推、拉、摇、移、跟、升、降、俯、仰、旋、甩等拍摄方法中的几种结合在一个镜头里进行拍摄。

长短镜头：以30秒为界限，超过30秒的连续画面为长镜头，反之为短镜头。

反打：指拍摄设备在拍摄两人场景时的异向拍摄。例如：拍摄男女二人对坐交谈，先从一边拍男，再从另一边拍女，最后交叉剪辑构成一个完整的片段。

变焦拍摄：拍摄设备不动，通过镜头焦距的变化，使远方的人或物清晰可见，或使近景从清晰到虚化。

主观拍摄：又称主观镜头，即表现剧中人的主观视线、视觉的镜头，常有可视化的心理描写作用。

在短视频平台上的优质视频，用固定镜头拍摄得很少。以上的拍摄手法在抖音短视频上是很常见的，毕竟抖音走的就是多姿多彩的风格路线，不会一成不变，自然需要众多元素的加入，拍摄手法也是达成这个目标的手段之一。

③景别是指由于摄影机与被摄体的距离不同，而造成被摄体在摄影机寻像器中所呈现出的范围大小的区别。一般分为五种，由近至远分别为：特写（指人体肩部以上）、近景（指人体胸部以上）、中景（指人体膝部以上）、全景（人体的全部和周围部分环境）、远景（被摄体所处环境）。

关于拍摄视频的景别，要提前构思好镜头片段，利用不同的景别拍摄来展现不同的拍摄效果。全景范围比较大，比较适合拍摄建筑或者是风景，近景比较适合人物，特写镜头可以将人物的动作和表情重点放大，或者重点特写拍摄。

④时间长度是指预计成片里每个镜头的时长，以及整个剧本镜头时长的分配，可以大概

地估算填写，这样在拍摄时可以掌握时间，后期也方便剪辑。

⑤内容根据剧本内容标注，台词根据剧本中的角色台词标注。

⑥音乐一般是指背景音乐以及音效，在使用音乐时应标明起始位置，它的效果是用来创作画面身临其境的真实感，如现场的环境音：雷声、动物叫声等。秒数指每个镜头的拍摄时间长度，以秒为单位。

音乐选择也有技巧，如以下案例：

- **卡点视频**

比如游戏视频，如果你想让大家感受到优秀操作时的激动心情，那么节奏感强，燃点十足的音乐是不二之选。大家也可以参考那些优秀同行的背景音乐，可以收藏他们视频的背景音乐备用，慢慢地就有经验了。

- **娱乐搞笑类视频**

游戏中的欢乐时刻、意想不到的剧情展开、娱乐新闻资讯等，都可以用轻松跳跃的音乐，搭配有趣的音效，这样会更加突出视频要表达的效果。

- **解说类视频**

解说类视频大部分都是人声，所以在选择背景音乐或音效时切记不要喧宾夺主。一般来讲，找背景音乐时最好找纯音乐。因为如果找的歌曲有歌词，容易将观众带入歌词的意境中，从而遮掩掉视频本身的光芒。

总的来说，为了使背景音乐与视频内容更加契合，在进行视频剪辑时最好按照拍摄的时间顺序先进行简单粗剪，然后分析过视频的节奏之后，再根据整体的感觉去寻找合适的音乐。视频画面节奏和音乐匹配度越高，画面会越带感。

7.2.4 封面标题

（1）封面

短视频的封面往往需要展示视频内容的核心画面。封面图的好坏直接影响视频的点击率和账号的转粉率。封面是留给观众的“第一印象”，影响观众要不要点开短视频进行观看的决定，所以短视频的封面尤为重要。

一个好的封面能够吸引更多用户的视线，设计时需要注意以下几点：

画面：注意画面要清晰且完整，不要出现任何压缩变形的现象。

重点：画面要有侧重点，重点要突出。

图文相符：图片和文字结合时要注意相符合，不要偏离主题。

文字：文字要清晰养眼，字体规范，不要遮挡图片主体。

尺寸：注意各平台封面尺寸比例不同，调好尺寸后把标题的内容居中进行显示即可。

（2）标题

只有一个亮眼的封面还不足以满足如今用户的观赏需求，用户还想第一时间知道你的视频内容到底在讲什么。所以，视频号标题也是创作者需要注意的一个关键点，标题创作技巧如表7–4所示。

表7-4 标题创作技巧

以“利”诱人	以“新”馋人	以“情”动人	以“事”感人
以“悬”引人	以“密”迷人	以“险”吓人	以“问”呼人
以“趣”绕人	以“议”动人	借“名人”	借“牛人”

● 以“利”诱人

一般都是商家、品牌方发布宣传产品、品牌的视频内容，所以一定要以“利”诱人，在标题中就直接指明你的利益点！

例如：《PPT效果这么做，老板立马给你涨工资》。

● 以“新”馋人

人们总是对新鲜的人、事物感兴趣，这是人之常理，把握住这个特征，制造出具有新闻价值的内容，往往会引发巨大的轰动。

特别是在短视频内容上，可以获得更多的转发、评论，这里新闻标题常用的词语包括：首度、首次、领先、创新、终于、风生水起、暗流涌动等。

例如：《报复性消费终于来了？香奈儿像大卖场》。

● 以“情”动人

人都是有感情的动物，亲情、友情、爱情，在这个世界上我们被“情”所包围着！

所以借助这个特性，在标题中抓住一个“情”字，用“情”来感动用户，写此标题的时候作者一定要投入自己的感情！

例如：《为了这个店铺，我和女朋友分手了》。

● 以“事”感人

小的时候，我们就听爸爸妈妈讲故事，长大一点，认识了汉语拼音和简单的一些字，我们开始阅读故事，成年了，我们喜欢看小说、电视剧、电影等。可见从小到大“故事”一直陪伴在我们身边，而故事型标题也更容易感动人，吸引人观看。

例如：《那些年，我走过的弯路》。

● 以“悬”引人

电视剧《潜伏》播出时，收视火爆，为什么这部剧会吸引众人关注，很大程度是因为一个接一个扣人心弦的剧情，因为你总猜不出下面一集剧情会走向何方。

短视频也一样，从标题上就埋下伏笔，使用户由于惊讶、猜想而观看视频。此类标题应具有趣味性、启发性和制造悬念的特点。

例如：《是什么让他彻底走向了不归路》。

● 以“密”迷人

和看悬疑剧一样，大家最喜欢听到各种真相，人类的求知本能也让大家更喜欢探索未知的秘密，所以揭秘类的标题往往更能引发人们关注，就像魔术师表演完魔术，网上就掀起一阵揭秘热一样，而相关的视频内容也会被炒得火热。

这类标题常用的关键词：秘密、秘诀、真相、背后、绝招等。

例如：《小心被宰！低价做网站的惊天秘密》。

● 以“险”吓人

恐吓式标题通常以恐吓的手法吸引读者对内容的关注，特别是有类似经历的人看到相关内容后更能引发共鸣，从而让人产生危机感。

例如：《20岁的人80岁的心脏》。

● 以“问”呼人

标题如何让观看者感觉更亲近，最简单的方法莫过于打招呼，就如中国人见面就会问的一句“吃了吗”一样。以对话、发问的形式，或者直呼其名的方式往往更能吸引观看者的目光，甚至可能一些不是你发问的人群会因为奇怪，反而会关注到这个作品。

例如：《95年的你现在过得怎么样？》。

● 以“趣”绕人

一个好的视频标题，用户观看后往往会过目不忘，这个就得益于创作者所使用的语言。比如生动、幽默、诙谐的语言可以将标题变得活泼俏皮；恰当地运用修辞手法，谐音的效果，可以令观看者回味无穷，甚至乐意进行口碑传播，评论转发。

例如：《有了它，打得火热的男女也不会出汗了》。

● 以“议”动人

建议性的标题是我们经常看到的标题，特别是做促销活动的时候，这样带有鼓动性的标题更为多见。但是建议性的标题要想跳出常规，需要下一番苦功，建议可以从人们都有逆反的心理着手，不让他干什么，这样观看者往往都会想着干什么。

例如：《千万不要为了当老板而去创业》。

● 借“名人”

名人明星的任何事情都是大众关注的，无论是他们的工作还是生活，或是兴趣等，内容和名人靠边，借着名人的噱头，定会吸引不少观看者的眼球。

例如：《听说×××参加的节目被撤档了，快来看看有哪些》。

● 借“牛人”

在信息化社会里，除了公众的名人外，各行各业都有一些公认的牛人，借助这些牛人或者知名机构，从他们口中发出声音，吸引大家的关注。

例如：《PPT大师教你做简易毕业论文开题报告》。

7.3 视频创作的案例

7.3.1 美妆创意视频

美妆产品几乎已经成为当今社会的“刚需”，各类风格的美妆博主、美妆节目也都如雨后春笋般一茬一茬地崛起，随处都可见到不同类型、不同风格的美妆短视频。

在这样的大环境下，消费者对于美妆产品的要求也越来越高，对于美妆产品的选择也越来越理性。所以商家在创作短视频的时候，不仅要充分考虑当下的流行趋势、消费人群的特点等诸多因素，更要意识到消费者对各类美妆视频内容已经屡见不鲜，所以在视频中要尽量“证明给大家看”，要给出真正能让大家“相信”的内容。

从商家角度出发，短视频可优先选择以下几种类型。

（1）成分说明

对于护肤、护发这类不容易通过表象直接看到结果的产品，用通俗易懂的方式分析它的成分，并一一分析这些成分的作用，再引出产品功效，这样更有说服力，更能让大家相信这个产品。

（2）效果测评

效果测评在各个类目都是“转化大咖”，因为可以直接且充分证明产品的质量，但在做效果测评的时候，需要注意两点：

第一，对比差异要能直观看出来。很多美白产品的对比效果都能明显看出来两个画面的光线完全不一样，这样的对比很可能会弄巧成拙。

第二，与其他品牌的产品进行对比时，要注意不要违反《广告法》和《反不正当竞争法》等相关法律法规。

（3）体验分享

体验分享类视频，效果有点类似于“买家秀”，做这类视频的时候要把握好度，尽量不要做成了卖家的官方介绍。建议采用“亲民”一些的方式，用邻家小姐姐自拍，访问普通路人，或者买家自发拍摄的这种方式来呈现。

（4）经验教程

除了我们常见的彩妆教程、护肤教程之外，还可以开发一些私人小技巧、小窍门之类的，比如两种粉底混合来用更贴合肤色、这款眉粉还可以用来修容等。更显专业，也能为消费者提供更多的购买理由。

如果采用语音讲解的方式，不管是配音还是模特直接出镜解说，语言都不要太官方，要自然一些。如果能有个人的特色和风格的话最好，不能做到这一点，也要尽量做到自然对话的感觉。

7.3.2 三农创意视频

随着三农短视频的爆红，越来越多年轻人回到老家做自媒体，拍摄三农内容的短视频，如钓鱼、抓螃蟹、采摘野果、野炊烧烤、做农家菜、干农活等。三农短视频目前也是短视频的热门类目，各个平台都有流量扶持，所以从创业选题上来讲，这是个不错的选题。除此之外，视频的受众也比较广，有年轻人对农村生活的好奇，也有年长者对农村生活的怀念。

华农兄弟就是典型的三农短视频创作者，由刘苏良、胡跃清二人组成，华农兄弟早在2017年11月就在百度好看视频、西瓜视频上传农家日常，但并未取得很好的播放量。直至2021年8月23日，“华农兄弟”正式进军B站，在视频《吃竹鼠的一百个理由》的带动下，华农兄弟获得了大量网友的喜爱，“真漂亮”“中暑”“抑郁”“吃2毛9”等素材被网友用来进行二次创作，在其他的社交平台上为其再添一把火。

华农兄弟的立体人设与话题讨论离不开B站用户的标签提纯，而以“00后”为主的互联网用户正是线上传播的中坚力量。在B站，华农兄弟仅91个视频就提供了超过1亿次的播放量，此时距离入驻B站才过去了一个半月，涨粉的速度就像坐了火箭一样，一周就涨了10万粉丝。学习优秀同行是成长的最快路径，那么华农兄弟对我们做三农创意视频有何启发？

（1）话题点持续发酵，帮助观众自我表达

“好漂亮”本是小哥的标志性口头禅，再加上“前夸奖赞赏+后花式烹饪”的转折，更加深了网友对它的记忆点。神转折是第一个引得网友传播的元素。

在此基础上，“花式借口+被吃的命运”的内容模式应运而生，胖了不行吃太多，瘦了不行不长个，抑郁了打架了不好医，或者懒得编理由了直接说“这个竹鼠是我养的”。网友看起来非常买账，将其吃竹鼠的理由制成表情包运用起来。且视频中出镜的动物除了竹鼠，狗子的“戏份”排第二，多是些“吸狗”片段，它们可以避开“漂亮警告”而不被吃，网友称其为“大型双标现场”。

对内容创作者来说，爆红不是最难的，难的是如何在一炮而响后持续吸引观众的目光。华农兄弟的“漂亮警告”“欲加之罪何患无辞”“双标现场”是基于淳朴、接地气人设的发展而来的标签，都是具有辨识度的特征，除了吸引网友还顺势为网友们提供了二次创作的空间。毕竟参与度对占领观众心理非常重要，观众需要完成自我表达。

（2）受众细分，定位清晰

2017年被称为短视频“下乡”之年，各平台纷纷推出各类补贴辅助鼓励三农内容的发展，各路人马都在琢磨着回家找个有山有水的地方拍视频。其实，想来不外乎有这样的想法：城市内的生存成本太高，而拍视频的这个群体的带货能力很强，同时智能手机的进一步普及，降低了视频拍摄的门槛，也极大地激发了普通用户们的创作欲望，三农类视频基本上只要拍得清楚、讲得清楚就可以了。三农类视频这么火，到底是哪些人在看呢？

①与自己的生活环境相似，乡村用户在内容中寻找共鸣。

②进城务工远离家乡的城镇用户，借此缓解思乡之情。

③生活在城市、对乡村生活一无所知，且心生向往的城市用户在此“云吸”神仙日子。

（3）作品提升，有头有尾，套路有趣

相较于如今短视频平台15秒时长的段子性质的内容，华农兄弟每部作品的完成度都比较高，不仅有竹鼠日常，还有摘野果、采山货、抓鱼等乡村生活点滴，趣味十足。

而真正让他们爆红的“竹鼠”系列视频，每一集都有逻辑清晰的剧情，从开始的夸奖赞美，接着强行找理由，到最后的花式烹饪，这种转折的套路虽然是固定的，但是每次奇奇怪怪的理由以及竹鼠的花式吃法，还是会让网友们“笑到头掉”。竹鼠无辜可怜的形象更是深深打动着网友们的心，在屏幕前纷纷地大叫“竹鼠那么可爱，一定要多加孜然”。

7.3.3 美食创意视频

“吃”这个元素，在中国人的生活中占据了非常重要的位置，美食承载了中国人丰富的情感，有对亲情的记忆、对家乡的眷恋以及对幸福的感受。美食类短视频不仅使人身心愉悦，更能让人产生共鸣。

（1）美食教程类

美食教程，比如家常菜做法、辅食制作、懒人早餐、烘焙教学等最容易涨粉，最受欢迎的美食类账号就是分享各种各样的菜品教程以及做法。

教程类视频也容易被分享，再加上鲜明的人设形象，不管是短视频还是直播带货，都能够轻松引导粉丝购买转化。对于那些不知道每天该吃些什么的网友，可以直接搜索这类视频来观看，然后可以自己去制作喜欢吃的菜品。

一类是纯教学类视频，就是纯粹讲解美食的制作过程方法，将每一道菜的制作步骤拍出来，这种方法更侧重食物本身，镜头几乎都给了食物，达人出境极少或者直接不出境。

另一类是人格化教学账号，这种账号在突出美食制作方法的同时，也强调人格属性，从镜头编排到文案撰写，都比较注重达人的人设打造。

纯教学类账号，不需要真人出镜，只要有声音的讲解以及食物的镜头就行，这类视频上手容易，拍摄成本较低。但与此同时，此类账号容易被复制，且因为缺乏人格属性，粉丝的黏性往往也比较低。粉丝更多关注的是你选的菜符不符合他们的口味，所以要想做成大V账号有点困难。

人格化教学账号带有人格化属性，不管是粉丝黏性，还是被替代性，都比纯教学类账号更有竞争力。

人格化教学账号里，不仅展示美食制作，更强调人格化属性，所以在文案设计的时候就需要围绕账号出镜人物的人设进行展开，给达人一定的镜头。如果文案创作能力没那么强，可以多打造固定的记忆点，比如固定的开头结尾、固定的做菜步骤、固定的口头禅等，加深观众印象。

（2）美食试吃类

分为网络购买和线下探店两种。网络购买就是通过网购购买美食或是零食，拍开箱试吃类视频。线下探店就是亲自去找一家美食店，到店里试吃。探店号一般都是同城号，内容比较简单直接，就是通过探索店面，对环境、菜品、体验等各方面进行评价，更重要的事情其实是选题，也就是选店。

如何做好选店呢？主要在于两方面：一方面是自带流量的店铺，这类热门店铺自带关注度和流量，只要我们发布了，就可以吸引到一定的关注，通过搜索，也可以得到一定的流量；另一方面则是去发掘一些小众冷门的店铺，满足用户的好奇心理。

热门店铺基本上可以分为三种：一种是老店，承载着一代人的回忆，只要一提起来，大家的反应就是我吃过，甚至是说起来就让人觉得热泪盈眶；一种是有一定文化可以挖掘的，所谓的文化，其实不要求多么高大上，关键是一定要有一个感人至深的故事，能够引起大家的共鸣；最后一种就是有某些方面做得特别突出的，比如特别好吃，或者特别精致，又比如像海底捞一样，服务特别好，这些也是自带流量的店铺。

（3）户外美食类

很多在大都市工作的白领，他们都有一种向往大自然，暂避现有的生活环境的想法。所以也有这么一类博主，他们不是在高端上档次的大厨房，也不是在轻奢且功能多样的小炉灶里面，而是在露天的野外，对最原始的美食美味进行一次亲近大自然的分享。

这种内容，本质是反工业生活方式，满足了人们的猎奇之心。毕竟在野外拥有新鲜的空气，心情都会非常愉悦。虽然很多野外的美食也不一定好吃，但粗犷的野生感极大地刺激了人们的味蕾。

（4）美好生活向往

通过对美食的制作流程来衬托出一种美好的生活场景。比如大家熟悉的李子柒，通过独特的东方美学，展示那种让人回味、充满美感的生活方式，最终展示在用户面前的，不只是美食，还有生活本身。

7.3.4 健身创意视频

健身内容的短视频在面对信息压缩的情况下，要完整地把传达的内容表达出来，就要在原本线下健身房的动作上精简优化一下。一个普遍的做法就是短视频内容只拍一个动作，或者一个知识点。

（1）说部位

爱美之心人皆有之，相比大家都比较了解一般哪些部位会比较容易吸引人，我们常见的有：男性的手臂、背、胸肌、腹肌；女性的马甲线、臀部、腿型等。

（2）说症状

比如说经常坐在办公室，爬楼梯气喘吁吁，感到胸闷非常不舒服，或者经常腰酸背痛的，这时候你就可以发一些简单的锻炼短视频，引导他们动起来。

（3）说场景

一件物品所在的场景不同，它的意义和带来的效果是完全不一样的。比如你可以说：在家这样健身，就可以减掉小肚子；教你一招在办公室也能健身；经常出差，没有健身房怎么办？这样一个场景的展现，就让你的短视频能更精准地吸引到用户。

（4）背景音乐

大家应该都有体会的是，大妈们跳的广场舞真的是太带劲了。魔性的舞蹈配合音乐，效果就完全不一样了。健身短视频也是一样，一段有节奏的配乐直接让你的健身视频出彩。至于这些音乐可以直接在搜索引擎上找，也可以去很多音乐平台和短视频平台上找。

（5）人设定位

目前健身短视频内容不管是知识点动作，还是人设其实都很容易雷同。这样重复的内容不仅不利于向高阶的流量池推荐，也不利于人设的打造。所以在做账号的时候，一定要做好差异化的定位，这样才能被人记住。

- **保姆风格**

健身最适合一群人相互鼓励，所以健身账号的IP就可以把自己打造成“陪伴成长”的温馨角色，或者说营造亲人感和团队感，很容易得到持续关注。

如拍摄一些人一起运动，做健身房团体操或广场舞等；或者视频以第一视角进行拍摄，打造出独家私教的感觉。

- **搞笑风格**

当所有的健身达人都在往一个气质类型风格打造的时候，你就会发现现在短视频平台会涌现出另一种幽默的风格，也被大众所喜欢。

- **挑战类**

专门挑战一些高难度动作，这样可以快速吸引一波粉丝。

- **励志类**

结合文案和自己健身的短视频，再配上一段情感类的音乐。

- **剧情类**

短视频里受众最广的应该就是剧情类的用户了，现在剧情类的视频可以做到一个行业一个场景，健身行业也不例外，只需要有一个好的文案。

7.3.5 情感创意视频

不管是文字、图片，还是短视频平台，都有一种账号特别火，那就是情感类账号。情感类视频受欢迎的原因在于它是年轻群体寻求慰藉的出口，传播率高，内容里的情感元素能直击人心。

（1）热门情感类账号的内容

一般来说情感类账号的热门视频主要有以下几种类型。

- **恋爱**

例如：奕晨治愈所，发布的《为什么我曾那么爱的女孩，到了别人眼前一文不值》的视频，讲述了女孩在路过烧烤摊边想吃小龙虾，面对女孩要吃小龙虾的需求，现任老公嫌贵不愿意买，刚好遇到前男友，前男友默默买了托服务员送过去。

一组鲜明的对比，侧面表现出男主对前女友的疼爱，以及“真爱错过”的怅惘，视频发布2天内即达到10万点赞。

- **婚姻**

婚姻在情感类话题中占比是最高的，主要就是探讨夫妻以及婆媳的相处之道。

例如：正能量咚咚，发布的《这才是一个男人对老婆说的话》，通过男性对老婆的各种疼爱，饭可以不做，但是不能不吃；可以打骂我，但是不能不爱我；可以发脾气，但是不能不理我。通过这样的夫妻关系，塑造出一个有担当的男人，一个家庭需要两个人的相互包容、相互理解。

- **伦理道德**

例如：老子道德经，发布的《手不扶碗穷一世，中国的规矩不能丢，需要代代传承下去》表明，吃饭的时候不能随心所欲，吃饭不要抖腿，讲解老祖宗留下的规矩就要代代相传，从小做起。

这个我们应该都有体会，小时候跟爷爷奶奶在一起吃饭的时候，吃饭不要说话，吃饭也不能翻菜碗，说明家教很重要。从小教育孩子，让孩子养成一种好的习惯。

（2）情感类账号的相关技巧

情感类账号的短视频到底如何做呢？可以从以下几个方面入手。

- **细腻的拍摄手法**

做得好的情感类账号必须采用真人出境，男女主角都要选择形象适合的，并且要适应且能驾驭各种风格。男女主角可以没有台词，只要后期加上配音和抒发人物情感的配乐即可，这是最简单的拍摄手法。

- **主角演技至关重要**

在众多情感类账号中，只有几个能脱颖而出，最重要的就是男女主角在剧中的演技，目的都是引起用户的共鸣，吸引用户继续观看下去，要真正去思考当代年轻情侣的矛盾，并且把这种矛盾完整地表达出来。素材可以去粉丝较多的情感公众号查找，并且评论区里面的内容也是很好的素材库。

- **男女形象要好**

除了演技之外，主角的形象也是至关重要的，配合剧本搭配不一样的着装，才能让用户真正融入剧情，产生共鸣。在选择男女主角时，要考虑两人是否在镜头中产生登对的感觉，要让观众认为真的是情侣的错觉。

作为一个新人创作者来说，想要快速地去入手情感类的账号，一般来说长得相对出众一点的人，视频制作稍微精良一些就能吸引到很多粉丝。但是对于一般人来说，长相不够出众，视频创作内容的吸引力就显得尤为关键。要想快速吸引粉丝，就要保证视频输出对大部分人来说有价值，积累一些素材就能比较快上手。

（3）情感类账号的呈现方式

- **非真人出镜**

主要是剪辑一些名人语录，或者图片加伤感文字的视频，适合批量操作，内容也容易引起共鸣。找一些情感文案，用文字转声音的工具转成声音。如果是名人语录，直接提取里面的声音，最后把视频和声音合起来，调整一下，加个字幕，就完成了。

- **单人出镜口播**

这种类型比较多，而且简单，只是对着镜头说文案而已。形式目前有边走路边讲，在车里讲，在家里坐着讲，或者户外站着讲等，200字左右的脚本文案，以婚姻、家庭类的情感“鸡汤”为主，特别容易引起共鸣。

- 剧情对话类

单人出镜如果吸引不了大众的注意，那么可以尝试一下剧情对话，当然视频内容必须优质，而且需要专业的团队来拍摄，主要拍摄都市情感故事，以相亲、恋爱问题等为主。

7.4 短视频推广

短视频的出现既是对社交媒体现有主要内容（文字、图片）的一种有益补充，同时，优质的短视频内容亦可借助社交媒体的渠道优势实现传播。在厘清了短视频的概念之后，短视频营销就可以理解为“企业和品牌主借助于短视频这种媒介形式用以社会化营销（Social Marketing）的一种方式”。

当下，视频仍是最受互联网使用人群喜爱的内容形式。与纯文字文本相比，视频更加生动形象，包含的信息量更大，收看视频所花费的注意力更少。

7.4.1 短视频平台的现状和规模

随着5G、人工智能等技术的发展，还有头部互联网平台的涌入与垂直领域应用的发展，视频流产品的用户规模还有继续扩大的趋势。短视频产品迎来井喷式发展，进一步推动互联网经济的发展。当前各地都在大力扶持短视频与直播产业，国家与地方制定政策给予支持，积极推动行业发展，而头部平台的入局与产业链的完善，也营造了一个良好的经济环境。

（1）中国短视频/直播行业——技术与用户环境

随着移动互联网技术的发展，短视频与直播行业的用户规模不断扩大，市场竞争格局加剧。2021年2月，快手以“短视频第一股”的身份登陆港交所，上市首日大涨近一倍。以视频为载体，无论是短视频，还是直播，形态不同，方向不变，仍是互联网巨头们在内容方面争抢的大蛋糕和火力集中地，未来国内短视频市场竞争将持续发酵。而行业的多元化发展，也将吸引更多用户参与到短视频的狂欢中。

国内短视频市场发展繁荣稳定，短视频平台开始将蓝图转向海外市场。2020年，抖音在全球市场发力，TikTok增长势头迅猛。另外包括快手海外版Kwai和阿里系Vmate，均在海外市场完成用户的初步积累。短视频App进一步竞争海外市场，未来全球短视频与直播的用户规模也将进一步扩大。

（2）中国短视频/直播行业发展趋势分析

5G、VR等新技术的发展，为短视频与直播行业的发展提供新的契机，可以进一步提升短视频内容的丰富度和用户交互度。观看移动短视频与直播的过程中，生动有趣的背景搭建可以让用户获得沉浸式体验。在技术赋能下的场景设置可以更多元化，满足用户追求真实、获得直观体验感的心理需求。

随着视频流产品的发展逐步完善“直播+”“短视频+”多元创新，精细化成为趋势。

“短视频+新闻”“直播+旅游”等全行业渗透应用成为一大趋势，更多“直播+”“短视频+”在各大领域尝试新的可能性。同时，平台在致力于打造优质输出内容的同时，也将泛娱乐化的内容更多转向精细化，以提升用户体验。

7.4.2 短视频推广的意义

（1）宣传品牌，扩大品牌的知名度

《2021年短视频用户价值研究报告》数据显示，10岁及以上网民观看短视频的比例为90.4%，其中50岁及以上“银发e族”用户占比超1/4。短视频从以前被称作“年轻人的专场”，到现在的老少皆宜，真正地完成了用户下沉，实现了向全年龄阶段扩散，成为当下最热门的传播形态。用户激增的同时，短视频行业从业者也越来越多，有流量的地方就有生意，各大品牌商家更是纷纷入驻，数以亿计的用户和流量正是各个品牌需要宣传的机遇。

（2）变现能力，可以提升品牌的转发率

毫无疑问，短视频在内容呈现上是非常出彩和立体化的，相较于传统的图文，用户在观看短视频的时候更加身临其境，更容易被视频中的内容所吸引，所以短视频在品牌推广宣传中大幅度缩短了品牌到用户的沟通、转化路径，极大地提高了品牌营销效率。

（3）品牌的互动性和产品推广性

品牌的互动性能够更好地吸引用户，短视频的沉浸式体验更易于传递品牌信息，产品在短视频平台中的推广也更有体验感。目前已经有非常多的短视频进入人们的生活，也取得了非常好的效果，现在短视频需要更具创新、更加综合的营销解决方案输出，才能够积极推动品牌的互动性和产品推广性。

7.4.3 如何高效组建短视频团队

（1）视频团队的基本构成

①编导。在4个角色中编导相当于节目的导演，他主要对短视频的风格、内容方向，以及每一集内容的策划和脚本负责，另外在拍摄和剪辑环节也会需要他的参与，所以这个角色非常重要。

②摄影师。摄影师主要对拍摄负责，但是在早期的时候摄影师还会涉及摄影棚的搭建，

视频拍摄风格的设定等工作。

③剪辑师。剪辑师主要对最后的成片负责，但也需要参与策划的整个过程，因为这会影响到后期的剪辑和包装，另外在早期的时候剪辑师可能还需要参与或负责短视频包装等一系列的工作。

④运营。运营也是很重要的一环，视频完成后如何获得最大的内容和栏目曝光、发往哪些渠道、用户反馈管理等，这些都是运营人员要负责的工作。

（2）初始视频团队的设备清单

● 摄像机或手机

做短视频自媒体，首先需要一个能够拍摄视频的设备，如果预算不是太多，一部手机就可以，记得要把画质调得清晰一点。如果想要画质清晰一点，购买一个微单或单反都可以，根据不同预算可以选择不同价位的设备。

● 音频设备

音频设备主要就是麦克风了，大致可以分为三类：拍摄设备自录音频、小蜜蜂、录音机。如果摄像机自带有录制音频的功能，就不用再购买麦克风了。刚入门的新手建议使用小蜜蜂录音就可以了，不过小蜜蜂是需要安装电池的，长时间录制音频就需要准备好备用的电池，以免断电。

到后期做得差不多了，就可以使用更加高级的录音设备，H6、H4录音机使用前一定要设置好参数，用录音机的效果一定比其他两个好得多。

● 灯光设备

为了保证画面的亮度，在拍摄视频的时候一般都会用到灯光补充。预算低的话，用反光板就可以，缺点就是携带不方便。如果可以，建议使用摄像灯，直接组装在摄像机上面，想要哪里有光就打哪里，非常方便。

● 三脚架

三脚架不仅起到固定的作用，而且还具有防抖功能，可以让画面更加稳定。一个好的三脚架不仅可以让画面更加稳定，还可以把摄像机架在上面，上下移动。

三脚架分为三种：桌面多功能三脚架、户外用的伸缩三脚架以及移动拍摄用的手持云台。一般有了这三种，就可以满足所有的拍摄需求了。

7.4.4 短视频变现的方法

（1）广告变现

变现方式中，短视频最认可的方式就是使用广告变现。

短视频依靠垂直领域积累的庞大粉丝用户，有清晰的用户画像，能够充分满足场景的构建需求。

（2）电商变现

使用电商变现，在进行产品选择的基础上，选择具有自身特色和明显优势的产品，打造属于自己的IP，提升在同质化竞争中的竞争力。

（3）知识付费

经验丰富的人或者行业大咖，可以选择将自身的一些经验和专业知识去进行分享，感兴趣的或者志同道合想要深入学习的用户就会对你的内容进行付费。

此类型的账号，大多在短视频中需要进行私域流量池的转化。

（4）直播

直播的形式要建立在粉丝数量达到一定程度的基础上，至少要几万或者几十万粉丝，而且直播对个人的表现能力有严格的要求，所以一定要进行仔细的思索。同时，短视频刷礼物也是一种变现手法。

（5）网红衍生价值变现，打造个人IP

这种方式主要作用于转型的网红和经纪公司，如个人IP打造，模特、网红、娱乐圈、原创歌手等。转型获得衍生价值，如出演电视剧、品牌代言、开巡回演唱会、售卖IP产品等，明星网红化和网红明星化都是趋势，短视频红人能够朝着个人IP和演艺明星的方向进发。

7.4.5 如何用数据指导短视频运营

传统的视频模式主要以创作思维为主，内容和形式上相对来说也是比较稳定的，创新较少，而且变现的方式也比较简单。

而目前在短视频市场上因为它时间短，所以让内容出品方要绞尽脑汁地思考如何在短短的时间里抓住用户的眼球，这在一定程度上提高了视频的创新力，且当内容发布后，所有的结果都是以数据为导向的，而且变现方式多元化。

短视频上线后的运营工作更加是方方面面的，而且整个过程也是精细化地在进行，怎么通过数据来指导运营工作呢?

（1）用数据来指导你的发布时间

每个平台都会有自己的流量高峰时间，比如对抖音平台的创作者们来说，他们在11 ~ 13点以及17 ~ 21点的时间段内发布的作品，更容易获得网友们的点赞，因为这个时间段是全平台在线人数的高峰期。

除了大的平台流量高峰期，不同类目也会在发布时间上有所区别，比如美食类的创作者，数据平台显示，在16 ~ 18点发布的作品，最容易获得网友们的点赞和评论；而在晚上20 ~ 22点，又会迎来一波点赞和评论的小高峰。一个是晚饭前，一个是夜宵时，在这个时间段内发布作品，美食类创作者能够勾起网友食欲。按周的维度看，抖音上美食类创作者在周四和周日的数据表现最好，而在周三和周六发布作品的数据量不太理想。

因此，可以根据自己的类目去数据网站对标同行的视频发布周期和发布时间，可以大大降低账号的试错成本。

（2）用数据来指导你的视频内容

通过数据来一次次优化你的视频内容，你的内容一定会越来越被你的用户喜欢，那么视频的数据主要看哪几个方面呢？以抖音为例。

- 完播率

视频的完播率可以在抖音官方的创作者服务平台进行查看，优质视频的完播率普遍在40%左右，完播率越高，获得推荐的可能性就越高。这是平台判断你的视频是否为优质视频的一个最重要的依据。

- 粉赞比

粉丝数除以点赞总数，数值越大越好，0.1是普通账号数据，达到0.3说明视频还不错，超过0.4说明视频内容吸粉能力很强。

- 赞播比

每期视频的点赞数除以播放总数，低于0.03被称为劣质视频，这样的视频被推荐的概率非常小，数值大于0.2说明这期视频比较优秀。

- 赞评比

每期视频的评论数除以点赞数，数值小于0.1说明视频爆款的概率比较小，优质视频的赞评比基本在0.1～0.5。

- 转赞比

转发数除以点赞数，数值越高越好，一般而言视频的转发量都要高于评论数，高转发是爆款视频的重要组件。

其实每个平台都会有自己的数据，通过视频的数据和用户的数据可以了解各个平台的一些特性，帮助内容团队去抽取一些共性的点在内容策划中放进去。

7.4.6 短视频推广案例

（1）美妆品牌推广案例——完美日记

在新媒体推广快速发展的这几年，很多国货美妆也通过各大新媒体平台，结合品牌推广手段，一跃成为国人心目中的国货之光，例如美康粉黛、完美日记、稚优泉、WIS、Home Facial Pro等品牌。其中完美日记的推广战略，可谓是美妆界较成功的推广案例之一。

完美日记于2016年正式上线，2017年在天猫开设旗舰店。完美日记并没有像很多其他小众国货一样被淹没在众多海外美妆产品中，而是凭借新媒体自身的推广策略，稳坐彩妆品牌销量TOP10。

完美日记主要是利用各大新媒体平台，做全网内容推广，囊括素人推广、KOL（意见领袖）推广和明星推广等。

- 小红书推广

首先完美日记选择了小红书作为产品推广的主战场，自从完美日记入驻小红书以来，官方自产的笔记就将近500篇，疯狂吸粉近200万，高颜值的首页装修，也成为用户爱上它的原因之一。

在小红书的搜索框输入“完美日记”四个字，会出现10万多篇笔记。其中，大多数笔记来自普通用户的体验感受，消费者的良心种草推荐。生活场景的应用大大增加了用户对品牌的信任，产生共鸣。

完美日记邀请了很多头部和腰部的KOL撰写原创笔记，对其产品进行测评、试色和对比，用自己的消费感受引导消费者购买产品。这样的推广模式使得许多旁观的消费者成为完美日记的忠实粉丝。

完美日记推广策略的成功在于，它在铺垫好所有的基础数据，取得用户一定信任之后，邀请了林允、欧阳娜娜、张韶涵等明星实名制向用户推荐其产品，产生爆文。这个方式无疑使得完美日记名声大噪，许多消费者纷纷路转粉，选择这个国货美妆产品。

- **抖音推广**

目光独特的完美日记，果断地选择了抖音作为其宣传产品的主要短视频平台。抖音上70%为90后用户，这个年龄的用户也正是现在美妆行业的主要消费人群。

在推广方面，完美日记选择带货达人李佳琦种草推荐，而李佳琦多次在抖音推荐完美日记的口红等产品。很多用户就是看了这些大博主的种草视频才了解到完美日记这个品牌的。

- **B站推广**

B站作为00后扎堆的长视频平台，完美日记看中的就是它现在的传播能力和未来的发展潜力。

B站的美妆视频大多以推荐低价产品为主，很多大学生和刚刚毕业的实习生都是奔着UP主推荐的平价产品来的。完美日记完美地利用了自己的价格优势，在B站站稳了脚跟。

- **微博推广**

微博作为美妆行业的主战场，完美日记先后请了许多KOL在微博上带动话题，通过博文视频等形式，种草产品的性价比、效果等，全网阅读量飙升。

其次，完美日记也陆续邀请明星代言，开启完美日记在微博上的刷屏模式。

- **知乎推广**

知乎是国内相对比较专业化的平台之一，很多人在遇到专业问题的时候，往往都会上知乎寻求答案。

在种草和推荐领域做得很成功的完美日记，当然也需要专业化内容的支撑。

完美日记在知乎上多以回答专业性问题为主，从专业角度解读其产品的功效与实用性，让很多人看到了一个专业的美妆品牌。同时还邀请专业的美妆达人，从用户角度解答完美日记的卖点，很大程度上增加了用户的信任感。

除了以上这几个新媒体平台，完美日记还在公众号和快手等平台投入了一定的精力，但无论选择什么样的平台去曝光品牌和产品，想要做好新媒体推广，一定要会做优质的内容。

（2）旅游景区品牌推广案例——武功山

“嘿！老表！这里是江西，风景独好，嘿！老表！这就是江西，风景这儿最好！”这是一首名为《江西旅游Rap》的洗脑神曲，一经发布就刷爆了抖音，同时也带动了网友纷纷用原声创作出大量精彩视频。而其中最吸引眼球的，莫过于一条拍摄武功山云海美景的视频。

视频中拍摄者攀登至武功山的最高点，一眼望去，仿佛与山齐高，与云共眠。壮丽云海仿佛静止的浪花，清晨的阳光给它们裹上金黄的边。错落有致的帐篷仿佛在倾诉昨夜见过的星辰……整个画面构图精美，景色震撼，让人简直挪不开眼！如今，快速的生活节奏让每天疲于工作的人们渴望逃离都市。走进户外，亲近自然成为时代潮流和新的生活方式。视频里提到的江西武功山景区，历史上曾与庐山、衡山并称江南三大名山，正是华南地区不可多得的户外胜地。

视频一经发出，便在抖音爆火，短短几日就斩获了65万个赞，2万多条评论。更有网友在抖音上发起了#武功山 的活动，1000多名旅游爱好者纷纷响应，录制自己的爬山小视频。随便一搜关键词“武功山”，美景更是应接不暇，多个点赞数破10万的热门视频，带我们从各个角度欣赏武功山的云海与日出。

视频底下有网友留言称，“江西萍乡就是下个要火的城市，赶紧去”，还有粉丝惊叹道，“足不出户，走遍中国大江南北”。网友所言非虚。在“武功山美景”抖音视频发布后，很多网友用抖音拍摄各种展现江西风土人情的视频，包括九江的水上公路、庐山银河落九天的瀑布、景德镇瓷器的绝门手艺等。抖音以年轻人感兴趣和能听懂的方式，承载了江西风土人情的方方面面，也给网友种下了各种“网红小吃”“网红景点”的小草，让人忍不住想要实地一探究竟。

事实上，抖音已经不是第一次让大众爱上一座城市。此前西安的“摔碗酒”“毛笔酥”短视频爆红抖音，为西安带来了数十万人的客流，目前在西安，已经有超过70个市政府机构开通了官方抖音号，包括西安市公安局、西安市旅游发展委员会、西安市文物局等，足见抖音对当地旅游业的巨大拉动作用。

新媒体传播渠道和方式变化日新月异。对旅游城市来说，抖音的这种“带红”效应目前已经蔓延至全国各地。重庆的“洪崖洞”“神级窄扶梯”，济南的“趵突泉”“大明湖”，郑州的“天幕”等景点在抖音上的走红也让这些城市成为新的热门景点，加速了城市发展的步伐。抖音短视频传播的形式可以很好地宣传旅游目的地品牌，同时对目的地的美景、美食、文化都将有更加深入的宣传。

互联网时代城市知名度和城市IP的形成，对当地社会、经济和文化发展产生巨大助力。这种地方政府借助新兴传播媒介，向网络另一端年轻人展现城市开放、活力姿态的做法，值得肯定。

第 8 章

技术支持与互动管理

知识目标

1. 熟悉技术支持与互动管理流程。
2. 掌握技术支持与互动管理的方法。

技能目标

1. 能够用腾讯、抖音等直播平台进行技术支持与互动管理。
2. 掌握技术支持与互动管理的方法。

职业素养

1. 要求学生具备良好的思想品德和政治素质。
2. 具有良好的职业道德和高度的敬业精神。
3. 遵纪守法，具有良好的文化素养。

8.1
技术支持

8.1.1 网络环境测试办法

网络环境是指在电子计算机和现代通信技术相结合基础上构建起来的宽带、高速、综合、广域型数字式电信网络。直播是基于互联网做信息传输的，所以网络必不可少，并且网络环境的好坏直接影响直播的效果。

如何去选择网络环境？

现在一般是两种：一种是无线路由发送的无线Wi-Fi，另一种是移动数据流量。

无线路由发送的无线Wi-Fi由光纤或有线电缆传输，并且对接路由器的是专线。不同的地理位置也对不同的运营商（移动、电信、联通）有不同的要求。直播的时候，Wi-Fi和数据流量要同时打开，以防断线。

（1）如何去测试网络环境

测试网络环境需要一定的工具配合，分为单个终端的测速和同时多个终端的测速。

①手机端有自带的无线网络工具栏，点击进去即可看到所有可以连接的Wi-Fi账号，一般来说是由强到弱的顺序由上而下排列。有多个账号可选的情况下可以下拉进行刷新，重新排位强弱。它会直接显示网络质量。

②点击要连接的账号进去，会出现更详细的描述，有状态信息、信号强度、链接速度、频率、加密类型等信息；此时可以和其他账号进行对比，选择最合适的账号进行连接上网。

另外，可以打开手机设置里面的应用和通知，找到通知和状态栏设置，点击进去，找到显示实时网速，即可在手机屏幕上显示网速。

③手机端可以安装万能钥匙软件，也可以进行网速测试。

打开安装好的万能钥匙软件，点击左下角的链接按钮，进入Wi-Fi列表，点击要选择的账号，然后点击测速按钮，即可测速。

④电脑端的网速测试，可以直接进入路由器设置里面（192.168.1.1）进行测速，或者找网络安装运营商来用专业仪器测速，还可以打开路由器相应的App测速。

⑤在电脑端安装的杀毒软件里进行测速。

以360卫士为例，打开杀毒软件，找到功能大全，然后点击宽带测速，即可看到接入速度和测速说明。

（2）如何调试网络环境

①关掉其他不用的软件。

②直播设备专用专线。

③重启设备。

8.1.2 直播设备的测试办法

首先要知道选用哪些设备，每个设备的特性不一样。直播设备分为视频直播和推流直播，同时测试直播设备又分为设备的安装以及测试调试。

（1）视频直播

- **手机直播**

①手机。

先用一个现有的手机试试，看看效果再决定要不要添置其他设备，不可否认的是，有了其他设备的支持，直播效果肯定会更出彩。性能稳定，运行不卡顿的智能手机都可以使用。有的时候可能还需要用到第二部手机，用来放伴奏或者监看直播效果以及多平台直播。

②手机支架。

手机支架的作用在于稳定手机，调节拍摄角度。常见的手机支架有桌面支架和落地支架两种，根据自己的直播内容来选择需要哪种支架，支架选择的关键就是一定要稳。

桌面式：可以满足双机位或者多平台的直播，手机和平板都可以使用，更加稳定，留出了充电口等一些小细节的设计。

落地式：可竖拍，可横拍，可俯拍，使用场景丰富，可用来直播，也可用来拍摄，价格便宜。

功能强大的手机支架，可以当自拍杆使用，也可以当手持云台使用，当然也能当三角支架使用，多种使用场景，可以用来户外直播、Vlog拍摄，也可以作为室内直播支架，还自带了一个小的补光灯。

如果想把直播作为一件专业的事情来做，那么就建议买这种一步到位的手机支架，自带多机位、美颜灯、话筒架杆和声卡托盘以及蓝牙自拍，如图8–1所示。

③补光灯。

有些手机支架，已经有了这种补光灯的作用。专业的补光（图8–2）灯倾向更专业的视频直播，对灯光效果要求高，需要多角度的灯光布置。例如带货主播，要更真实地反映货品的色彩，又或是户外直播的移动打光。建议选用小巧精致的补光灯，可用支架固定使用，也方便携带，不仅可作为移动灯光使用，紧急时刻还可以当作充电宝使用。

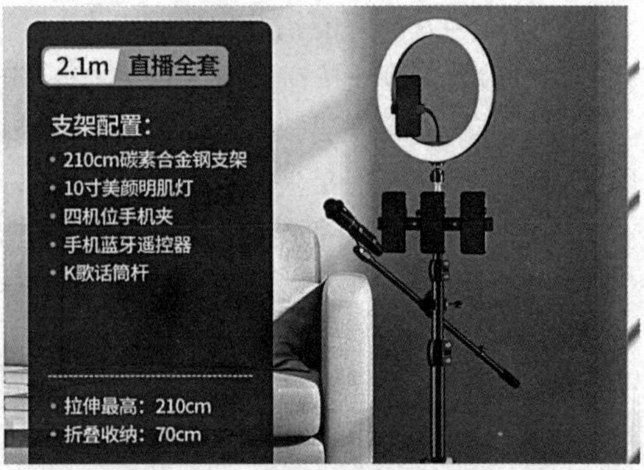

图8–1　多功能手机三脚架

④充电宝。

断电时可以使用。

⑤直播声卡。

如果直播需要体现更好的声音效果以及

氛围的打造，例如娱乐类的主播，就需要用到直播声卡。直播声卡使用方便，支持主流语音视频平台，自带多种音效，可变音，可调音。手机和电脑都通用的直播声卡，满足多种连接方式，使用简单，如图8-3所示。

图8-2　专业补光灯

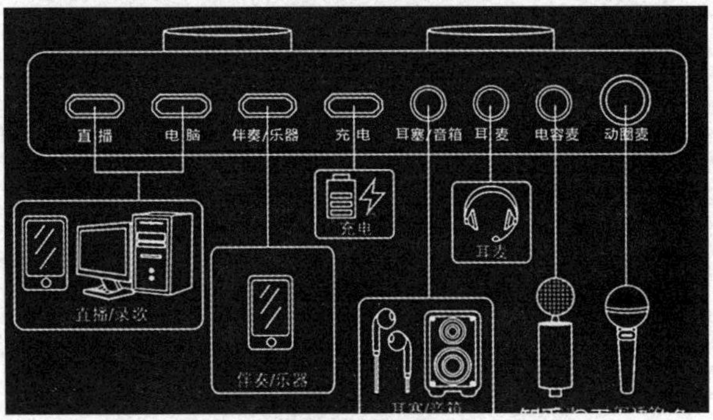

图8-3　直播声卡

建议选择大品牌直播声卡设备，更加专业，兼容平板、手机、电脑，可以蓝牙连接，稳定伴奏。

选用一款便携式的手机声卡，免调试即插即用，让直播变得更加简单快捷，虽小但是功能齐全。性价比高，上手容易。有时候需要配合音频转换线使用。

⑥麦克风。

很多声卡套装里都会有麦克风，没有特别要求的话，可以成套使用。麦克风分为动圈麦和电容麦，一般都会选用电容麦。话筒价格的高低区间还是很大的，这个可根据个人的预算选择，户外的直播可以选择无线小蜜蜂话筒。

⑦监听耳机/音频转换线。

耳机的话，不是追求专业效果的话，手机自带的耳机就可以。这里提醒要注意的是，很多耳机连接手机的话，可能要用到转换线。

● **电脑直播**

电脑直播就是把直播的平台放在电脑上，因此需要一台电脑设备。利用电脑直播，可以实现更多的功能，当然这也取决于电脑或者笔记本的配置，通常游戏直播都会选择电脑。

• 如果是PS或者Switch游戏，还需要用到视频采集卡，如图8-4所示。把游戏画面采集输入电脑再进行直播。

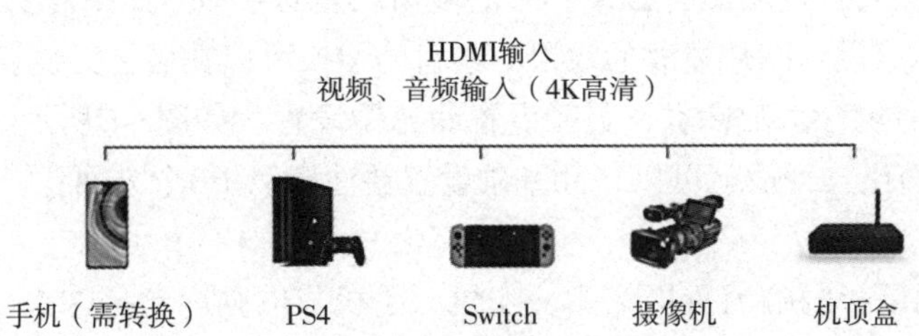

图8-4　视频采集

• 采用PC直播的话，可能还需要用到摄像头，选择的摄像头最好是高清画质，使用方便、智能自动对焦和曝光。

• 使用电脑直播，可以实现更多的场景效果，可以添加多种来源，当然这需要配合类似OBS、Vmix等直播软件使用。

（2）推流直播

推流直播是直播推流的意思，通常是RTMP协议推流、HLS协议拉流，可以通过手机、电脑、摄像机，使用推流软件或者硬件进行推流，实现直播。

目前各个直播平台基本上都推出了推流直播的辅助软件，可以通过手机、电脑、摄像机进行直播，下面以抖音直播伴侣为例。

首先，打开App，选择抖音平台登录要直播的账号，首页如图8-5所示。

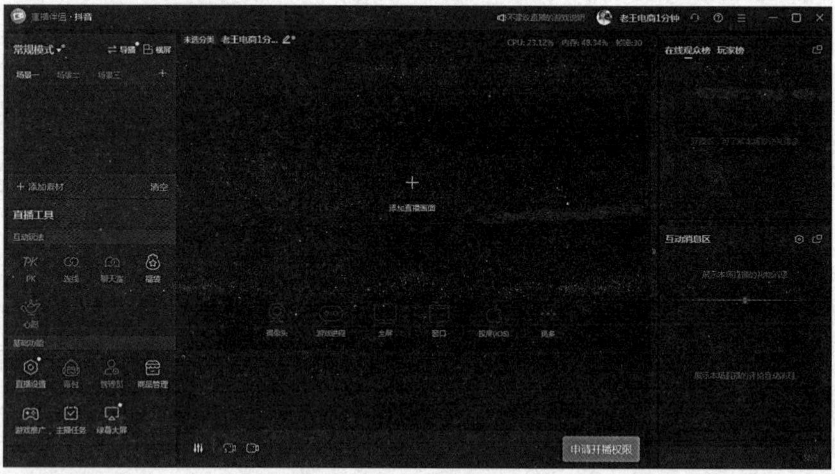

图8-5　直播伴侣页面

在首页可以看到，直播画面可以选择横屏或者竖屏，左侧栏还有直播工具的设置，包括互动方法跟基础功能的设置；右侧栏可以看到在线观众情况，以及观众的互动信息。

其次，添加直播画面，如图8-6所示。画面素材的选项包括摄像头、游戏进程、全屏、窗口、视频、图片、图像幻灯片、截屏、采集、Blackmagic设备、苹果和安卓的投屏，可以满足不同的直播需求。常规的带货直播，只需要添加摄像头就可以了，如果使用的直播背景采用虚拟背景或者绿幕抠图，在摄像头的基础上添加提前做好的图片就行；游戏类的直播，通常是采用游戏进程或者是采集的形式；而很多知识类的主播，如果需要展示PPT，需要把PPT转换成图片，然后设置图片播放的效果。素材的切换可以在后台无缝切换。

摄像头设置页面包含基础设置、美颜设置和滤镜设置，如图8-7所示。一般美颜设置和滤镜设置调节到画面比较舒适就可以，而基础设置要注意以下3个方面：

①摄像头选择。

摄像头有3个选项：电脑内置摄像头、相机、手机。电脑内置摄像头，一般像素较低，画面效果一般，较少使用；使用相机，还需要使用高清数据线或者视频采集卡；而使用手机的相机功能，较为常见的是搭配无他相机使用。由于直播间的延迟效应，很多人会使用手机的相机功能来进行直播，这样主播可以看到自己的实时状态。

②视频参数设置

需要根据不同的摄像头参数以及实际需求，来调整分辨率、FPS（帧率）、视频格式、色彩空间、色彩范围和镜头方向等。

③背景设置

在这里，可以设置绿幕抠图，很多商家都会用到这个功能。

然后，就是直播的设置，如图8–8所示。

直播设置包含视频、音频、录像、直播间、推流和系统设置。经常用到的就是两个：音频素材的添加设置以及直播间的设置。

接下来，在开播前，需要进行开播设置，如图8–9所示。

开播设置板块，需要设置4个内容：直播封面、直播话题、直播内容以及直播间介绍，以便进入直播间的观众快速地了解直播间。

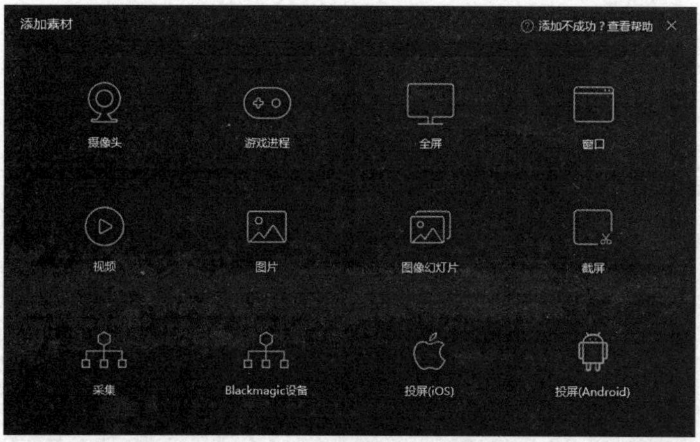

图8–6　直播素材添加

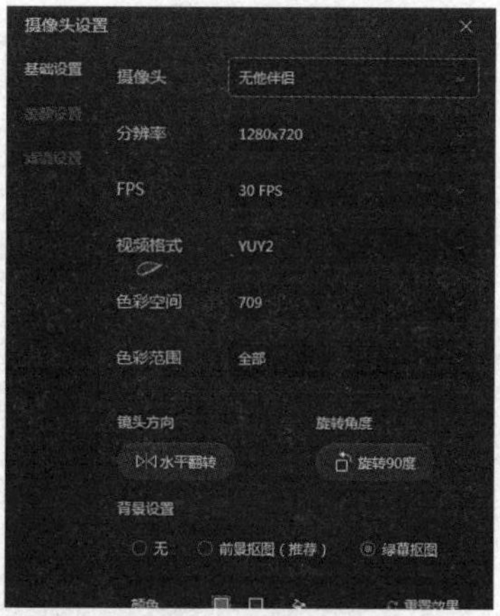

图8–7　摄像头设置

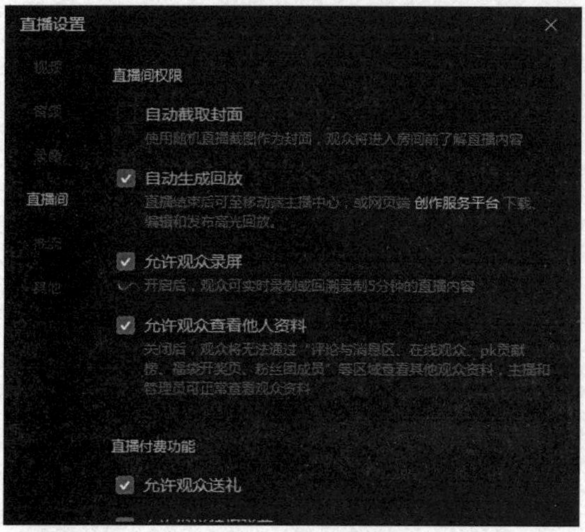

图8–8　直播设置

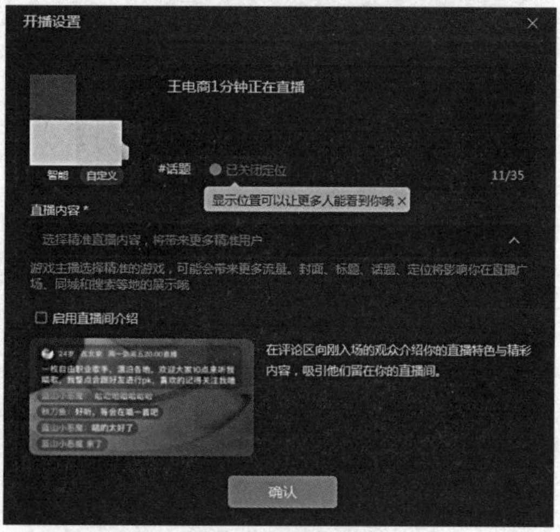

图8–9　开播设置

最后，是开播前的检查，如登录巨量百应检查直播间优惠券的设置、直播商品、直播投放计划等，检查抖币是否充足，福袋的口令是否准备好。一切就绪，就可以开播了，首次在电脑推流直播，需要申请开播权限，满足条件的账号授权后就可以了。

8.1.3 产品链接设置方法

产品链接的设置，不同的直播平台会有不太一样的步骤，但都大同小异。以腾讯直播和抖音直播为例。

（1）腾讯直播

在开通了直播账号之后，直接在腾讯直播App里面进行直播间创建，在创建直播间过程中，就会有添加本场直播关联商品，点击进去到橱窗系统，直接点击已经在微店上架的产品，即可完成关联；同时，还可以点击搜索框进行相关产品的搜索，然后点击关联即可，还可以点击右上角的添加商品按钮，进入备选商城去挑选产品，有京东、微店、小额拼拼、猫眼等平台。

选择好相关的电商平台之后，挑选里面的产品，点击添加按钮，即可上架到自己的商城。微店产品必须先添加在【我的橱窗】中，才能关联进直播间；京东的产品可以不用先添加在【我的橱窗】中。

直播计划创建完成【前】和【后】，支持添加【我的橱窗】中的商品和【京东分销】的商品。

如果想要更换商品列表的商品顺序，可点击【关联商品】—【编辑】—【排序】，长按商品右边的小方块，即可拖动商品上下移动顺序，完成移动后，点击【确定】；如果需要【置顶】或者【删除】本场直播的商品，可以向左滑动商品，进行“置顶推荐”或“删除”。

如果需要新上架微店的产品，可点击【添加商品】，添加已在【我的橱窗】中的产品。

如果需要上架京东的商品，可以通过搜索【商品名称】和【添加商品链接】上架京东的产品。

说明：

上架的京东商品，佣金占比要在20%以上，且在近1个月内有1笔销量才可以在腾讯直播App端搜索到，并添加进【我的橱窗】中。

（2）抖音直播

- **添加商品的注意事项**

①添加抖音小店商品，需先在抖音小店电脑后台上线商品，审核通过后，在抖音小店列表里点击添加即可。

②添加精选商品，直接在搜索框搜索想添加的商品，点击添加即可。

- **添加商品页面的抖音小店、精选同盟**

①抖音小店：是指申请开通抖音内的店铺。

②精选商品：是抖音电商自建的同盟体系，里面的商品都是抖音电商自选供货商或加入精选同盟的小店商家的商品。

- **抖音直播间如何添加商品**

①开通橱窗功能。

只要通过实名认证，上传身份证正反面，本人手持身份证照片，审核后就完成了实名认证。个人发布的视频数量在10个以上，需要通过审核后的作品。抖音账号的粉丝数量在1000个以上，努力提高粉丝数量，达标后才可以开通橱窗。这样就可以开通抖音橱窗功能，直接通过精选联盟添加商品。最重要的是，可以在个人直播间内添加商品，直接从上述渠道导过来就可以了。

②开通抖音小店。

现在抖音小店支持个人和企业入驻，但是需要营业执照才可以，完成基本的申请流程，个人的话可以申请个体工商户的营业执照。

抖音小店开通后，自动获得短视频、直播带货权限，直接从抖音小店内引入商品到直播间就可以了，可以在后台对商品进行管理，非常方便。

8.2 互动管理

8.2.1 评论与回复的处理原则及要求

评论和回复是目前常见于主流互联网产品中的一种用户互动形式，无论是社交产品、资讯产品、文娱产品还是电商产品都会将评论和回复作为一种用户互动与内容沉淀的方式。在社交产品中，评论为社交提供了一种新的维度；在资讯产品中，评论为用户提供了对新闻发表个人见解的平台；在文娱产品中，评论和回复为用户提供了对艺术作品、音乐、影视剧等进行打分、发表意见以及兴趣聚集的途径，让静止的作品多了一层鲜活的讨论维度；在电商产品中，用户面对的是一个一个商品的罗列，只有网站的介绍，缺少了点“人情味”，这时，体验者的评论和回复能够在很大程度上影响着用户是否会选择这个商品。

8.2.1.1　评论

（1）如何建立有效的激励机制

通常的方法是通过积分鼓励用户评论，而积分在积分商城中可以换取现实回报的手段进行激励，但引导用户真正地自发自愿评论才是激励机制的真正思考方向。常见的方法有点赞机制，提高高质量评论的排序权重，增加曝光度，满足评论用户马斯洛需求中的高阶需求；或者建立良性的讨论氛围，如豆瓣、网易云音乐，将用户评论内容作为产品的高权重模块。

（2）星级和百分比

在评论的评分部分，常见的有两种表现形式：星级和百分比。两种方式都能够体现用户评论的综合表现。但对比起来，星级更直观、百分比更精确，都能够给用户一个快速的整体认知。星级会让用户更倾向于认为评级描述了该产品本身，适合相似用户聚集的产品如垂直社区、文娱产品；而百分比的方式更类似于“投票”，更倾向于被认为是人们对该产品的意

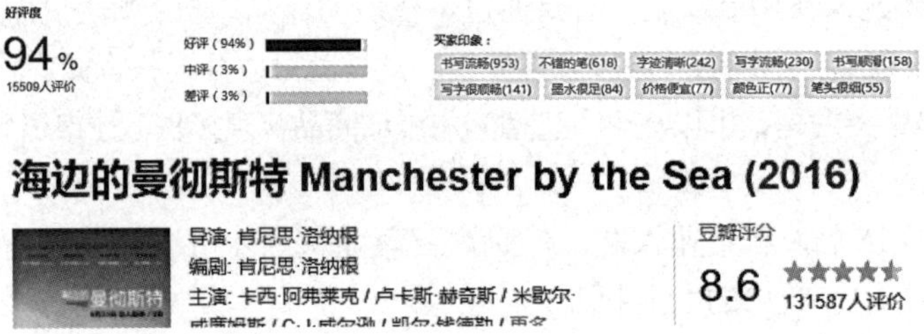

图8-10　星级和百分比评分

见集合。百分比的描述方式更加贴近用户，更适合电商产品。图8-10分别为京东的百分比评分表现形式，以及豆瓣的星级评分表现形式。

（3）如何规定评论权限

对于社交类与资讯类产品，资讯的获取成本和评论的门槛都很低，评论的入口也很明显。但对于体验获取成本高的产品，如电商、文娱产品，此类对体验有要求的评论系统在开放评论之后会影响评论的质量，使评论失去应有的专业效应，同时也给予了商家恶意刷评等不良竞争行为。因此目前的大部分电商、文娱类产品都只限于为已购买、已体验的用户开放评论。综上所述，评论权限其实是和体验获取门槛相关联的。

（4）评论入口设置

这一问题是与上一问题联系在一起的。在没有开放未体验者评论的情况下，不应将评论按钮设置在查看评论的位置。显眼的“评论”按钮在被未体验者用户点击后，会出现类似于“您没有购买过此产品，不能发表评论”的提醒，用户会降低对产品的好感。正确的做法应为：用户的购买流程完成后，在确认订单之后出现评论入口，并在个人中心的订单记录中保留评论入口。

（5）如何规定被评论者的权限

我们都知道，卖家是无法删除电商产品的买家评论的。由于电商平台的用户需要为商品付出金钱代价，平台更加注重维护顾客群体的权益，评论需要的是顾客的真实商品购买体验，因此客观和严谨的顾客评价对于电商平台是十分必要的。在原创内容社区，由于评论门槛很低，评论区常常出现违禁性质的评论（谩骂、色情等），而平台更加注重维护内容输出者（主要注重大V）的权益，所以一方面平台可以通过字段识别的方法对违禁评论进行自动删除，另一方面赋予被评论者对于评论操作的权限，常见的有删除评论、拉黑的功能，直播平台还赋予主播封禁账号的功能。

8.2.1.2　回复

（1）直播间自动回复

①直播间自动回复展现形式（图8-11）。

②直播间自动回复设置入口。

以淘宝直播为例，在直播中控台—左边栏【智能主播助理】—自动回复，按照页面要求设置即可，如图8-12所示。

（2）直播间快捷短语

①直播间快捷短语展现形式（图8-13）。
②直播间快捷短语设置入口。
直播中控台—左边栏【智能主播助理】—快捷短语，按照图8-14要求设置即可。

（3）直播禁言功能相关操作说明

登录【商家中心】—【营销工具中心】—【淘宝直播】，进入中控台后，在大家说页面找到对应的用户操作禁言即可，如图8-15所示。

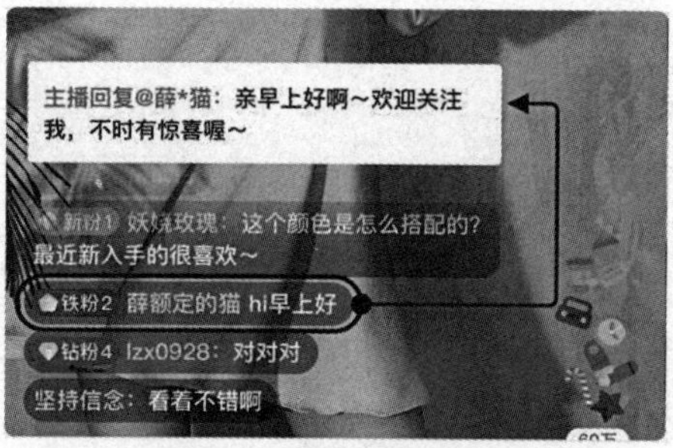

图8-11　直播间自动回复

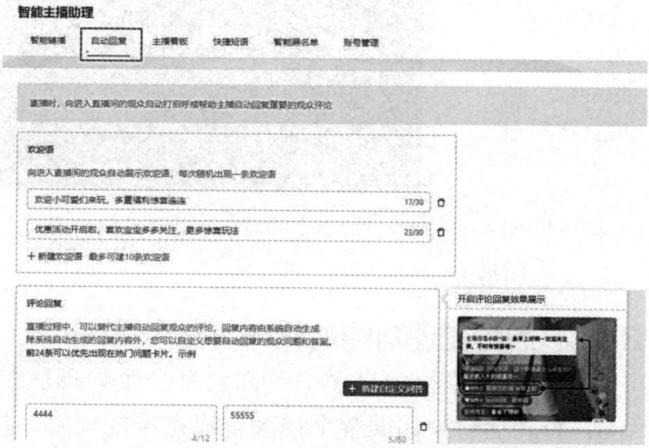

图8-12　自动回复设置

图8-13　直播间快捷短语

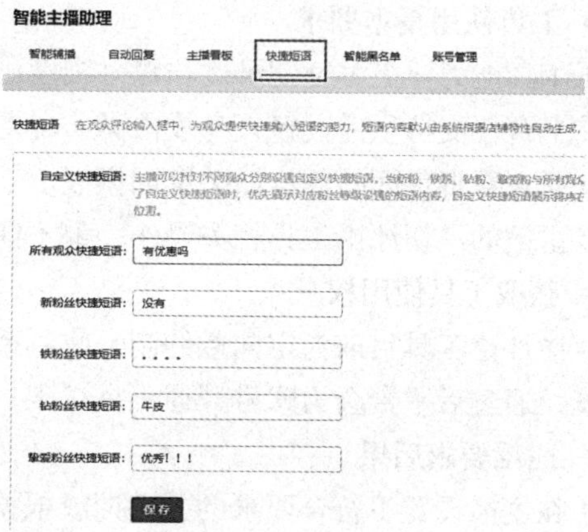

图8-14　快捷短语设置

解除禁言：如图8-16所示，进入中控台，在【禁言用户】页面找到对应的用户操作取消禁言即可。

图8-15　禁言设置

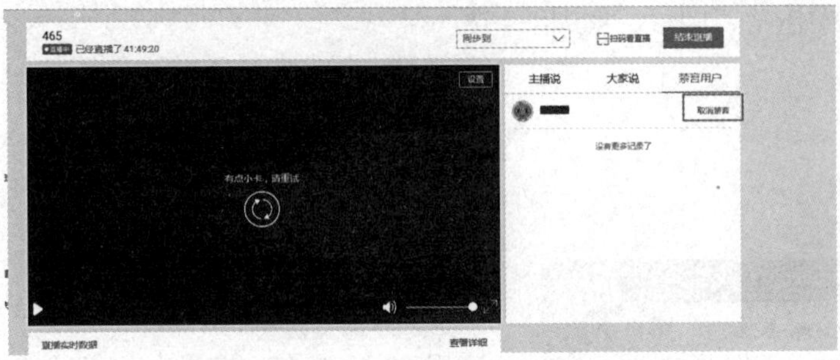

图8-16　解除禁言设置

8.2.2 后台管理功能的操作方法

每一款网络视频直播平台都会有一个管理后台，无论是直播PC客户端，还是手机直播App，管理后台就如同整个视频直播系统的大脑，操控着绝大多数前端功能。对于互联网营销直播平台而言，后台管理评论功能十分重要，所以系统管理后台的功能不仅要完善，而且功能实现上也要符合设计开发逻辑，这将直接决定后期直播平台的运营操作。那么，视频直播系统管理后台管理评论都有哪些内容呢？

（1）直播评论工具使用规则

- **工具使用基本要求**

①工具能力分为关键词维度与账号维度。

②平台仅支持主播设置人身攻击类、辱骂、团伙性恶意评论和广告引流的关键词，不支持对普通观看者负面的评价做关键词拦截。

③主播的一切评论工具相关操作，都不能影响正常用户在直播间的评论自由。

- **获取工具使用权**

直播评论工具目前为定向邀约制，收到邀约信息后需了解使用规则，并在指定时间内完成考试，通过后平台会为账号开通工具权限。

- **违反要求后果**

①在主播设置不符合要求的关键词或根据场景禁止了正常合理用户评论后，系统会自动取消主播设置的关键词或用户，并进行主播提示提醒该行为不符合要求。

②每个人有四次被提示提醒的机会，第五次提醒后，平台会收回该主播的工具使用权限。

③违规被收回权限后，主播后续类似产品的使用和试用都会被取消资格。

（2）直播评论工具操作介绍

- **直播评论工具入口**

以淘宝直播为例，登录淘宝直播中控台，选择【体检中心】，可以进行屏蔽关键词和禁言用户操作。

- **屏蔽关键词**

①设置须知。最多只能设置30个关键词，且每个关键词的长度为2～7个字符，输入字符必须是中文、英文和数字，其他不生效，若设置关键词超出30个则全部设置不成功，需要手动删除多余的关键词。

②添加屏蔽关键词。可以手动输入关键词，或选择算法推荐的关键词，如图8–17所示。

③取消屏蔽关键词。在已屏蔽关键词页面，找到需要取消的关键词，点击右方的删除标志即可直接删除。

- **禁言用户**

①禁言操作。用户弹幕的右下角有“单场禁言”和“永久禁言”按钮，如图8–18所示，点击单场禁言即可完成该场直播的禁言，点击永久禁言即可完成对该用户的永久禁言。

②取消禁言。勾选用户点击删除，即可完成用户禁言的取消，如图8–19所示，包括取消单场禁言和取消永久禁言，同时支持批量删除。

图8–17　添加屏蔽关键词

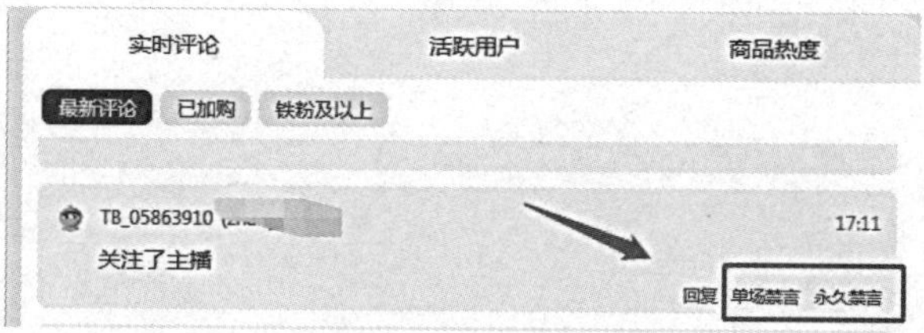

图8–18　禁言操作

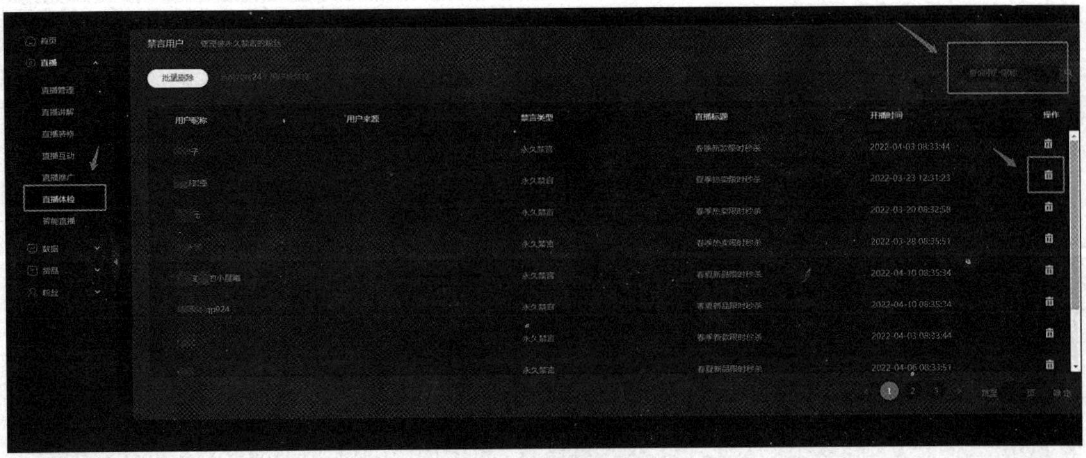

图8-19　取消禁言

- **评论修改**

①精选评论设置/置顶评论：防止“神评论”被埋没。

②编辑用户评论：修正用户评论内容。

③隐藏/删除：如果连修改都弥补不了，可以进行删除。

- **审核机制**

先审核后发送。提示用户评论的内容会经过审核或筛选之后才会可见，例如对微信公众号的评论。还有一种做法是在审核速度很快的情况下，在前端先让用户以为发送成功了。

第 9 章

售后与复盘

知识目标

1. 理解售后与复盘的定义。
2. 熟悉售后流程。
3. 掌握复盘数据收集的方法。

技能目标

1. 会用蝉妈妈、飞瓜、抖店罗盘等直播平台数据分析工具查看直播数据。
2. 掌握 Excel 统计数据的方法。

职业素养

1. 要求学生具备良好的思想品德和政治素质。
2. 具有良好的职业道德和高度的敬业精神。
3. 遵纪守法，具有良好的文化素养。

9.1 售后

顾客付款下单之后是售后的开始，为什么要做售后服务呢？不要让客户找麻烦？不要让他们给差评？其实这是最浅层次的理解，真正的原因是口碑营销很重要。成交一个新客户的成本越来越高，我们要做的是对同一个客户进行深度开发，提高他的重复购买率。所以提升客户的满意度，强调站在客户的角度去考虑问题，是售后工作很重要的一项内容。

9.1.1 发货进度的查询方法

发货进度的查询是指商品打包完成后，交给快递公司，对订单的跟踪与查询，确认商品安全地到达顾客的手中。

（1）查看物流

实时跟踪查询快递信息是十分重要的。客服可以根据后台更新的物流信息进行查询，也可以进入快递公司官网，输入快递单号进行查询。

下面以抖音小店为例。

打开订单管理界面，点击“已发货”，查看物流，显示物流信息，如图9–1、图9–2所示。

（2）签收提醒

当快递已在派件途中的时候，后台可以提示卖家，商品正在派件，客服收到类似的信息的时候，可以以短信的方式提醒顾客注意签收，这不仅能让顾客感受到店铺的细心温馨，还

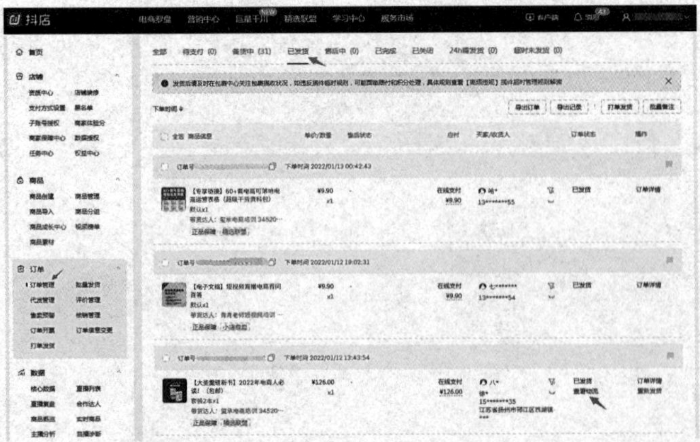

图9–1　订单管理

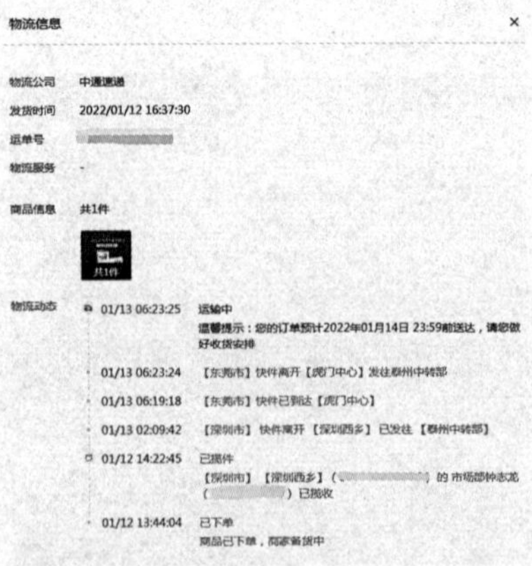

图9–2　查看物流

能及时向顾客反馈包裹的流程，签收的提醒一般以使用术语为最佳。比如：亲～您在×××店铺购买的商品，快递哥哥正以飞快的速度为您派件，在收到包裹后请仔细检查商品，确保商品的完整性之后再进行签收，您收到的商品有任何问题请立即与在线客服联系，欢迎您的下次光临。

9.1.2 投诉问题处理方法

（1）确认投诉类型

在整个交易过程中，售后和投诉是两个不同的部分。要想解决好售后和投诉的工作，就需要先了解产生售后介入的原因和投诉的类型。

- **售后介入**

在整个交易完成后的0～15天内，买家可以申请售后和投诉。通常申请售后和投诉的要求分为4种形式，即退货退款、仅退款、换货和维修。

买家申请售后介入的原因一般是：

①主商品破损；

②颜色/款式/图案与描述不符；

③配件破损；

④假冒品牌；

⑤功能故障；

⑥效果不好/不喜欢/不想要；

⑦做工有瑕疵；

⑧大小尺寸与商品描述不符；

⑨商品材质不符或存在异味；

⑩其他。

当买家碰到上述问题时，由于交易已经完结，而且买家不确定卖家是否会承担责任，所以经常会选择申请售后。当卖家发现有买家提出售后申请时，应该主动和买家沟通，了解买家申请售后的原因，并争取协商解决问题，避免因为上述问题而造成不必要的麻烦。

- **投诉**

交易完成后，为了维护自己的利益，买家除了可以申请售后以外，还可以在淘宝网针对卖家的行为发起投诉。投诉类型分为以下6种。需要特别说明的是，投诉的发起条件是成功交易完成后15天内非消保订单，或者交易关闭（退款成功）后15天内消保订单。

第一种是卖家违背承诺。即承诺给买家的没有做到，具体包括卖家产品页面的描述、客服给予买家的承诺，以及卖家开通的承诺保证服务。

例如：卖家答应给买家的赠品没有给，这就是典型的违背承诺。

第二种是卖家拒绝买家使用信用卡付款。卖家开通“信用卡支付”服务后，此时买家使用信用卡支付，卖家需要支付交易金额（包括运费）的1%作为交易服务费，而买家只需支付交易金额就行。

拒绝使用信用卡付款指卖家已经加入信用卡支付服务，但是拒绝履行该服务。如果投诉成立，卖家将被扣4分。因此，在投诉处理中建议卖家客服和买家协商撤销投诉，如果存在违规情况则不支持申诉。

例如：天猫店铺在店铺中明确写出，如使用信用卡付款需要缴纳1%的手续费。

第三种是卖家未按约定时间发货。如卖家页面显示24小时内发货，但是发货时间却延后了，就会造成买家对卖家的投诉。如想避免这种投诉的发生，需要卖家特别注意在设置运费模板时，要根据实际情况设定对应的发货时间；如果有例外的情况，则需要在产品页面以及店铺的页面中进行明示，并且在买家咨询或拍下商品后，由客服主动向买家说明，避免在后期交易过程中因为发货时间而导致买家发起投诉。

例如在卖家页面中写明3天内发货，但是超过3天却没有发货的行为。

第四种是未按成交价格进行交易。这种情况一般多发生于买家已经拍下商品，卖家要求买家补钱才能发货。所以，卖家在设置交易价格时，需要提前按实际销售价格设置好对应的产品价格，避免后期因为产品成交价的原因而被买家投诉。

第五种是违反支付宝交易流程。这种情况多出现在交易过程中，卖家要求提前通过银行转账，或者除了支付宝以外采用类似于扫描二维码等其他方式付款。所以，在交易过程中，卖家需要严格按照支付宝的交易流程进行交易。

例如：在购物过程中，由于购买的是定制化产品，卖家说先银行打款，才可以发最终成品。

上面说到的5种类型投诉的发起条件是交易成功后15天内的非消保订单或交易关闭（退款成功）的消保订单。

第六种是卖家恶意骚扰买家。这种行为包括但不限于通过电话、短信、阿里旺旺、邮件等方式频繁联系买家，影响买家的正常生活，这时买家可以发起投诉。买家在交易过程中受到“恶意骚扰”，可在交易成功后15天内发起投诉。

上面是6种可能会导致买家发起投诉的行为，作为卖家要注意做好交易明示，有售后问题要积极处理。当然，做好产品和服务才能从根本上杜绝店铺投诉纠纷，做到长期良好经营。

（2）确认投诉原因

当店铺出现投诉时，作为直接面对买家的一线客服，首先要做的就是先确认投诉原因，当然还要注意交易状态是否完结。如果交易未完结，客服需要通过沟通，弄清楚原因，进而根据原因和买家协商具体的解决方式。

在交易已经完结的情况下，以下几种情况仍有可能导致纠纷：一是物流原因，二是产品原因，三是售后协商原因。

- 物流原因

对于物流方面的原因，最容易引起纠纷的是卖家未按约定时间发货，以及订单已经交易成功，但买家未收到货。物流信息不是卖家点击发货就会立即出现跟踪记录的。所以，如果卖家在买家付款后72小时内发货（如双方另有约定的除外），此时间段内没有物流跟踪记录或者物流信息与买家收货信息不符合，买家可以发起退款（即使买家已经确认收货，也依然可以发起未按约定时间发货的投诉）。退款成功后，买家可以对卖家发起违背发货时间承诺的维权。一旦发生这类情况，客服要在第一时间联系买家，核实情况，协商解决，给客户满意的解决方案，避免店铺产生售后纠纷。

在现实交易过程中，有很多情况是物流公司方面造成的，如没有及时更新物流信息，或者其他原因导致买家未按约定正常收到货。卖家在和买家联系时要做出合理解释并且给出解决方案，尽快解决问题。若最终未与卖家协商达成一致的，买家可以对卖家发起违背承诺的投诉。

- **产品原因**

对于产品原因，一般是商品的质量问题或者是在商品的使用方法上出现误解。还有一种情况就是买家在使用过程中，产品出现了问题，这种问题可能是买家收到货时就存在的，也可能是买家收到货后造成的，买家可以在交易成功的15天内申请售后，发起退货退款或换货或退款。当发生此类售后问题时，卖家就需要及时和买家沟通，确定售后问题发生的原因，进而判断该问题的责任方，并给买家解决方案。

- **售后协商原因**

顾客联系到商家，进行售后协商，在投诉纠纷里面的比重也是很大的。随着行业的发展与成熟，顾客对于商家的服务需求也越来越多样化，一方面是为了应对平台和竞争需求，另一方面是为了提升顾客的消费体验，在物流和产品都没问题的情况下，还是会面临售后协商的问题。例如，顾客购买商品只是为了应急，或者是使用了一段时间后发现不是自己需要的，又或者是找到了更好的产品，但这个时候交易已经完成，有些顾客就会找到商家，看能不能安排退款退货。这种情况下，要看行业和商品情况，如果商品已经过了保质期或者已经没法进行二次销售了，一般商家都会选择拒绝；而如果对商家影响不大，是可以考虑退换货或退款的。

（3）“抖音坏单包赔”解决方案细则

- **服务内容**

坏单包赔服务，指消费者在小店购买生鲜类商品后，商家提供以下服务：若商品出现明显损伤、变质、腐烂等影响使用情形，且消费者在物流信息显示签收起的24小时内提出售后申请并提供有效凭证的，商家需提供相应退款处理的服务。

- **发起“坏单包退”服务路径**

①【我的订单】—【申请售后】—【选择退款原因】—【商品腐烂/变质】。

②若商家拒绝履行“坏单包退”服务的，消费者可申请小店客服介入。

③消费者申请退款的金额应符合服务标准规定。

- **商家履行“坏单包退”服务的条件**

①消费者购买的商品是生鲜类商品。

②消费者收到商品时已存在明显损伤、变质、腐烂等情况，且消费者在规定时间内提供凭证。

图片凭证：明显损伤、变质、腐烂商品的细节实拍以及物流面单实拍图；收到的商品整体实拍（完好的与腐烂的商品放在一起整体拍照）。

快递凭证：快递公司出具的可证明消费者收到商品时已存在明显损伤、变质、腐烂等情形的书面盖章凭证。

- **服务标准**

商品存在坏单情形的，其损伤数量超过商品总量30%的，商家向消费者进行全额退款；

不超过30%的，按相应比例向消费者作部分退款。

● **坏单包赔争议处理**

赔付要求：

①消费者申请平台介入后，有举证义务。所有凭证需未经涂改、未有增删、未经任何编辑等痕迹，否则视为无效凭证。

②商家应该履行“坏单包退”服务但未履行的，除提供退款外，商家应以每个订单实付金额30%的标准对消费者进行额外赔付。赔付金额四舍五入精确到分，不足人民币5元的，以5元计；超过100元的，以100元计。

③赔付金额如双方另有约定，按双方约定处理，但约定不得低于平台要求的最低标准。

④商家应该履行“坏单包退”服务但未履行的，平台有权从商家保证金或货款中扣划相应退款和赔付金额，赔付给消费者。

注：商家向消费者进行额外赔付后，该未履行或未按时履行“坏单包退”服务的行为，不再适用《商家违规行为管理规则》中“违背服务承诺”进行处理。

服务限制：

①消费者以非正常交易为目的，蓄意利用“坏单包赔”服务牟利的，商家不予履行此服务。

②商家因不可抗力因素导致未履行服务，商家不因此承担责任。

“不可抗力”指不可预见、不可避免或不可克服的客观情况以及其他影响服务履行的客观情况，包括但不限于全国性或区域性空中或地面交通系统管制或中断（如天气原因等），或通信系统干扰或故障，或政府行为、邮政主管部门政策变化、战争、地震、台风、洪水、火灾、大雾、大雨等其他相似事件。

9.2 复盘

“复盘”原是围棋术语，本意是对弈者下完一盘棋之后，重新在棋盘上把对弈过程“摆”一遍，看看哪些地方下得好，哪些地方下得不好，哪些地方可以有不同甚至是更好的下法等。

这个把对弈过程还原并且进行研讨、分析的过程，就是复盘。通过复盘，棋手们可以看到全局以及整个对弈过程，了解棋局的演变，总结出适合自己和不同对手的套路，或找到更好的下法，从而实现自己棋力的提升。

直播营销的复盘，指的是从过去的直播经验、直播实际工作中进行学习，帮助直播人员有效地总结经验、提升能力、实现绩效的改善。一场直播完成以后，有的货销量卖起来了，或者没有卖起来，尤其是没卖起来的，可以进行分析，预先设定的目标、出现的问题、原因，把这些理一理，下次再播的时候，避免类似的问题再次发生。

9.2.1 数据收集的方法

设定直播目标并不容易，特别是对于新手而言，没有参考项，也不了解自己的能力可以达成什么目标。这种情况最好的做法就是观察同行，通过同行的数据分析情况，结合自己的需求预期来设定初始目标。

分析同行或者行业的第三方数据工具有很多，如蝉妈妈、飞瓜数据等，可以找到一些网红、达人、商品的排行榜，与自己相关行业的带货数据等。

从直播平台获取数据报告。可从直播平台后台获取主播、粉丝与商品相关数据，然后进行对比分析，一般会着重看直播时长、粉丝停留时长、互动数、增粉数、商品点击数、订单数等重要数据。

直播带货成了各大商家的“宠儿”，淘宝、抖音、快手等直播平台更是成了商家的必争之地。如今，越来越多的人开始加入直播带货的“战场”。然而，一场直播的成功与否，还取决于直播带货后的数据统计。下面借助飞瓜数据平台来进行数据统计，以2022年1月3日～2022年1月9日期间带货主播榜/日用百货/日榜第一名的某主播为例，如图9–3所示。

（1）直播销售额

销售额是最能体现直播带货能力的数据指标，但是需要综合分析一段时间内的数据走向，才能更真实地反映主播的直播带货能力。达人在2022年1月8日～2022年1月14日期间总共进行了6场带货直播，场均销售额2833.3万元，作为带货达人，成绩相当可观，如图9–4所示。

飞瓜数据可以监测达人近90天的带货直播数据，从每场的预估销量和销售额可以看出一段时间内的直播带货效果是否稳定，一旦出现数据下滑的趋势，就要找出原因，尽快调整策略，才能保证直播数据的稳定性，如图9–5所示。

图9–3　账号信息（素材来源：飞瓜数据）

图9–4　直播销售数据（素材来源：飞瓜数据）

（2）直播观众总数及停留时长

一场直播来自所有渠道的观看人次是一个很重要的数据。可以根据观看人数的数值，分析哪个时间段的观众最多，什么样的直播脚本和直播形式更受观众欢迎。

该主播在1月13日19时进行了一场长达6小时的直播，累计观看人次1423.4万，人气峰值12.7万，平均在线8.8万，平均观众停留时长2分15秒，超过了77.16%的主播，如图9-6所示。

留住直播间的观众，提高观众留存时间对于直播间上热门是有很大帮助的。很多用户在进入一个直播间后，如果观看人数数据比较少的话，很快就会走掉了，这就影响了直播的停留时长。直播的停留时长也直接影响了直播间是否能获得系统更多的推荐。用户在直播间停留的时间越久，说明直播间的内容越有趣。直播间的人气越高，系统就会把你的直播间推荐给更多的人看。

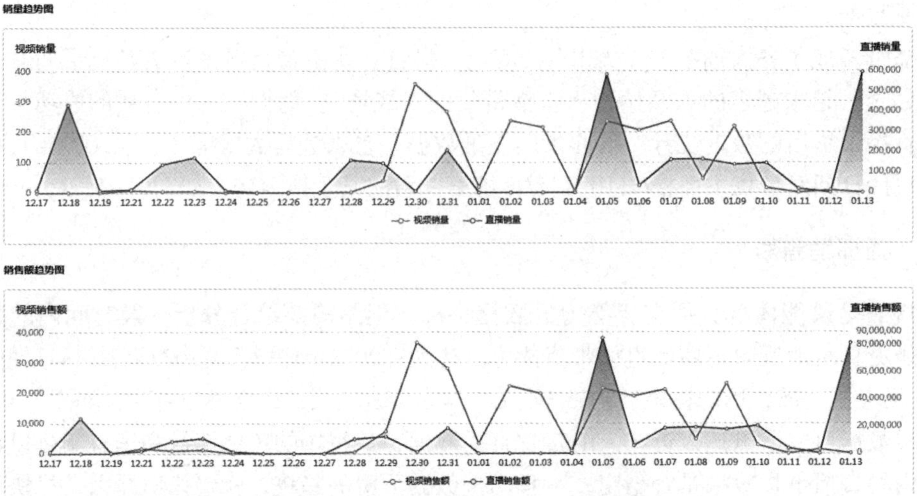

图9-5　销量与销售额趋势图（素材来源：飞瓜数据）

图9-6　人气数据（素材来源：飞瓜数据）

（3）新增粉丝数

新增粉丝数的多少，可以衡量直播间能不能抓住粉丝的胃口，就是有没有兴趣，有没有优惠等，如图9-7所示。

（4）用户画像数据

直播间的用户画像是抖音直播电商需要分析的关键数据，带货就是基于直播间用户的需求进行的。直播间的用户画像包括年龄、性别、兴趣、来源等，掌握了这几个数据，无论是选品还是直播间的优化都能找到切入点，如图9–8所示。

从数据中可以看出，该主播直播间的直播观众年龄以24～30岁（38.30%）的观众为主，其中女性观众较多，观众分布地域较为分散。直播间观众喜欢购买女装、珠宝、美容护肤产品，对母婴、餐饮、穿搭等内容比较感兴趣，如图9–9所示。

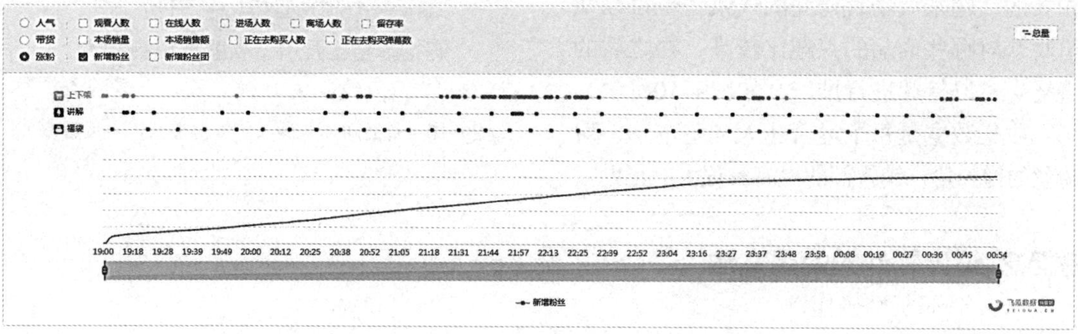

图9–7　新增粉丝数（素材来源：飞瓜数据）

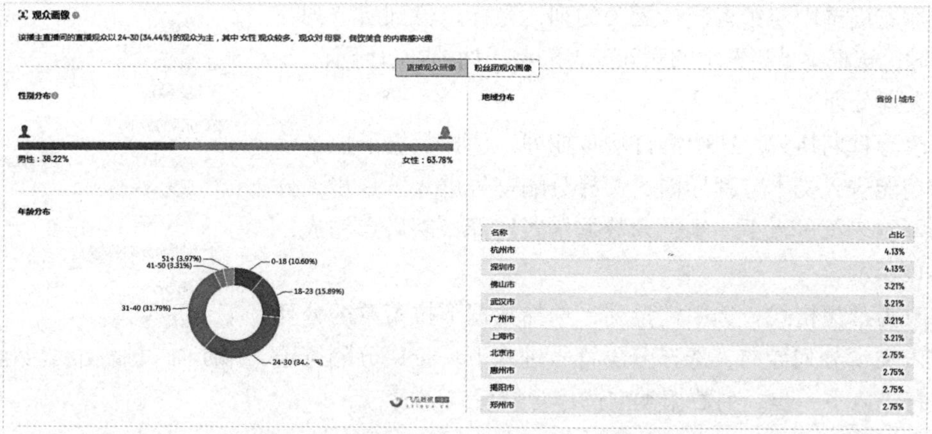

图9–8　直播观众画像（素材来源：飞瓜数据）

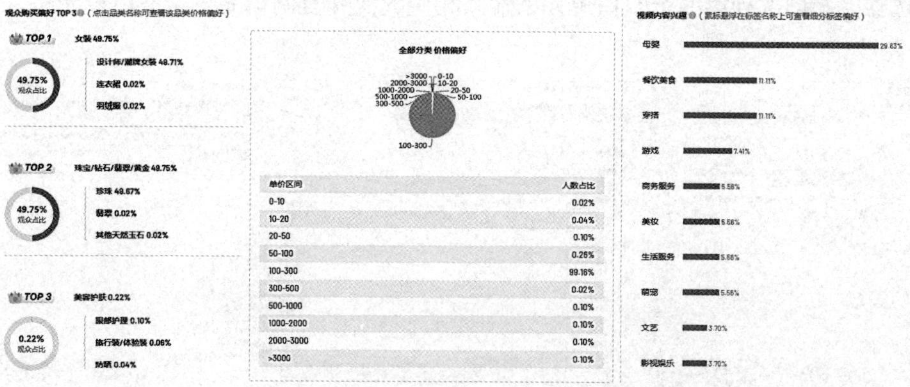

图9–9　直播间观众喜好（素材来源：飞瓜数据）

（5）直播互动数据

通过直播观众的互动数据可以看出用户的购买倾向和主要需求，最主要的就是弹幕词。通过弹幕词数据，可以知道粉丝都喜欢聊什么，下次直播的时候就可以多准备一些相关的话题来调动直播间的气氛。也可以知道观众对哪些商品的兴趣比较高，在之后的直播中可以持续进行推广，如图9-10所示。

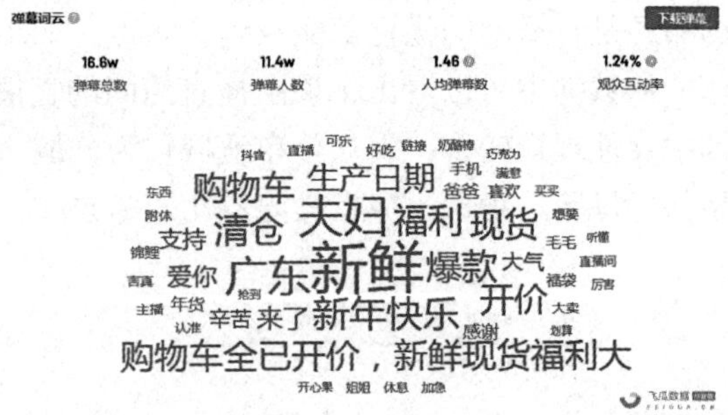

图9-10　直播间弹幕词云（素材来源：飞瓜数据）

收集数据是每个运营达人的基本功，对粉丝的增长量，销售额的提高有很大的帮助。

9.2.2 统计软件的使用方法

（1）Excel基础操作

● 数据处理基础操作

①隐藏或者删除列。

鼠标左键选中与销售统计无关的列，光标定位到所选列，点击右键，选择菜单栏选项的删除或者隐藏，如图9-11所示。

图9-11　删除或隐藏按钮菜单栏

②数据分列。

修改为日期格式。选中需订购日期列，选择数据下拉菜单的分列功能进入文本分列导向，选择分隔符号进入下一步，分隔符选择制表符进入下一步，列数据格式选择日期后点完成，如图9-12所示。

修改为常规格式。选中销量列，选择数据下拉菜单的分列功能进入文本分列导向，选择分隔符号进入下一步，分隔符选择制表符进入下一步，列数据类型选择常规后点完成。

③数据筛选。

选中标签行，选择Excel菜单栏数据下拉框的筛选功能，设置日期区间如图9-13所示，关闭刷选器，在周次列第一个空白单元格输入相应周次并复制填充剩余空白单元格。

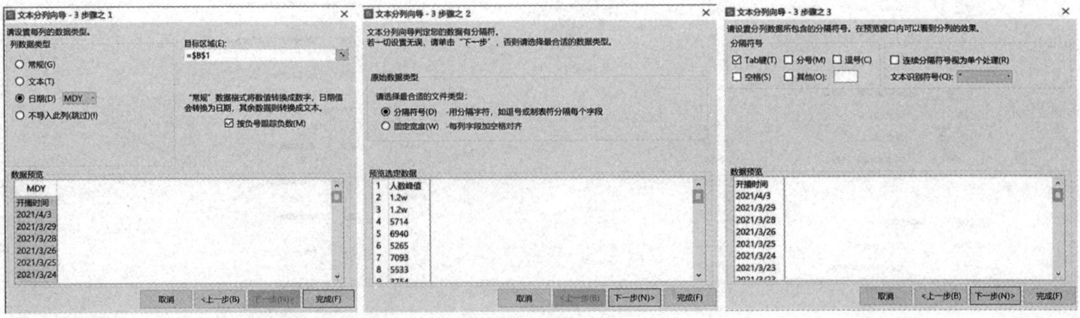

图9-12　分列操作

④数据自动求和。

选中数据所在的单元格与一个空白单元格，然后单击求和的符号，即可自动求和，如图9-14所示。

图9-13　数据筛选工作

图9-14　数据自动求和操作

- **数据透视表操作**

①插入数据透视表。

选中整个表格，点击插入——数据透视表，即可插入数据透视表，通过数据透视表可以实现数据的汇总操作，如图9-15所示。

②设置数据透视表字段。

字段设置及数据透视结果，如图9-16、图9-17所示，勾选需要统计的字段名称，将相关字段放入相应区域进行自动求和。

（2）销售统计

- **后台销售表数据源处理**

效果展示：2021年1月1—31日第一周的直播销量统计表效果如图9-18所示。

操作步骤：

步骤1：导出后台报表。打开直播销售平台后台，选择数据统计模块，选择时间区段，导出订单销售数据表；

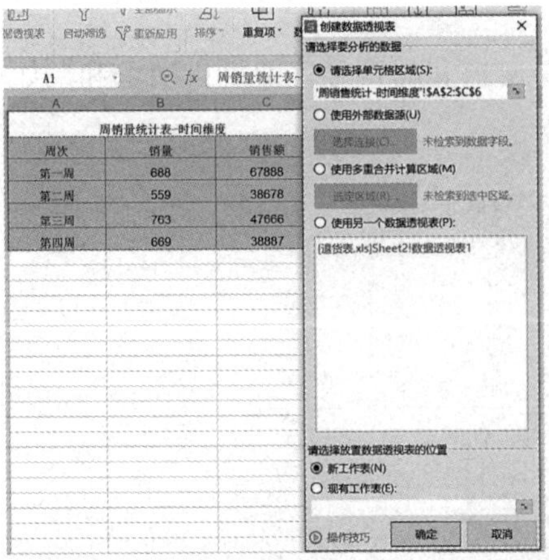

图9-15　创建数据透视表

行标签	求和项:销量	求和项:销售额
第二周	559	38678
第三周	763	47666
第四周	669	38887
第一周	688	67888
总计	2679	193119

图9-16　透视表效果图

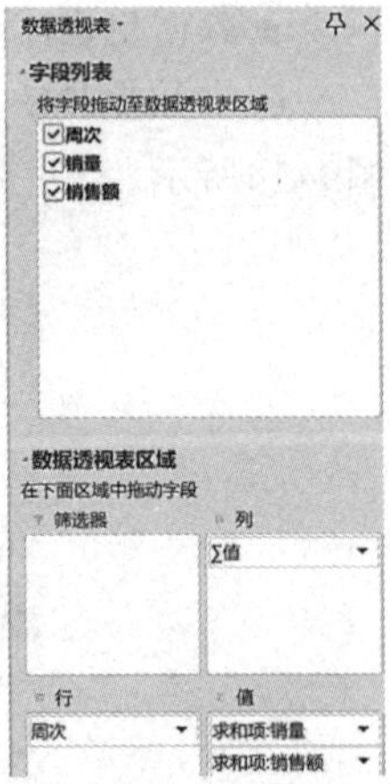

图9-17　勾选数据透视表字段

1	订单号	商品编号	商品名称	订购日期	数量	商品单价	销售额	周次
2	abc-001	qwe	商品qwe	2021/1/6	1	18	18	第一周
3	bca-002	qaz	商品qaz	2021/1/6	1	6	6	第一周
4	acb-003	qaw	商品qaw	2021/1/6	1	9	9	第一周
5	cba-004	was	商品was	2021/1/6	2	8	16	第一周
6	cab-005	szx	商品szx	2021/1/6	3	7	21	第一周
7	bac-006	dxc	商品dxc	2021/1/6	1	29	29	第一周
8	abd-007	esd	商品esd	2021/1/6	1	9	9	第一周
9	adb-008	rdf	商品rdf	2021/1/6	5	8	40	第一周
10	bad-009	tfg	商品tfg	2021/1/6	1	29	29	第一周
11	bda-0010	fcv	商品fcv	2021/1/6	1	9	9	第一周
12	dab-0011	dxc	商品dxc	2021/1/6	8	30	240	第一周

图9-18　直播销量统计表

步骤2：删除或隐藏无关列；

步骤3：数据源处理，调整数据格式。用数据分列的方法将“订单”子表格的“订购日期”列由文本格式调整为日期格式，将“数量”列及“销售收益”列的数据由文本格式调整为常规格式；

步骤4：添加周次列。利用数据筛选功能选出订购日期时间区段，在周次列填入周次。

- **销售数据统计**

本案例统计周期为周，第一周为1月1—6日，第二周为1月7—13日，第三周为1月14—20日，第四周1月21—27日。

时间维度效果展示：图9-19、图9-20为周销量函数统计效果图和周销量数据透视表统计效果图。

操作步骤：

周销量统计表-时间维度

周次	销量	销售额
第一周	688	67888
第二周	559	38678
第三周	763	47666
第四周	669	38887

图9-19　周销量函数统计效果图

行标签	求和项:销量	求和项:销售额
第二周	559	38678
第三周	763	47666
第四周	669	38887
第一周	688	67888
总计	2679	193119

图9-20　周销量数据透视表统计效果图

方法一：利用函数计算周销量与销售额。

步骤1：新建子表格。新建一个名为“销量统计-时间维度”的子工作表，并输入周次、销量、销售额等相关统计信息；

步骤2：利用SUMIFS多条件求和函数计算周销量和周销售额；

步骤3：数据表格式调整。

方法二：利用数据透视表计算周销量与周销售额。

步骤1：选中整个表格，点击插入数据透视表，生成数据透视表；

步骤2：设置数据透视表字段。字段名称勾选“数量”“销售额”及“周次”，将字段“数量”放入“行”区域，字段“销售额”与“周次”放入“值”区域进行自动求和。

● **数据可视化呈现**

时间维度效果展示：图9-21所示为周产品销量与销售折线图。

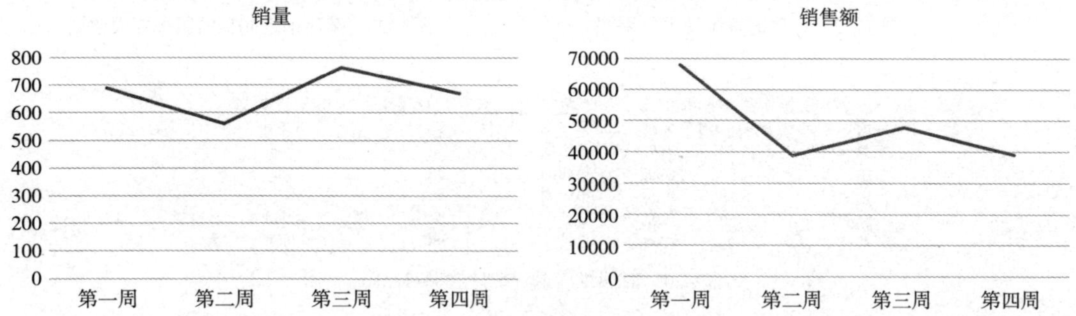

图9-21　周产品销量与销售折线图

选中“销售统计-时间维度”子表格周次与销量所在单元格，选中插入菜单栏下拉框图表选项的折线图即可生成周销量变动情况折线图。选中“销售统计-时间维度”子表格周次与销售额所在单元格，选择插入菜单栏下拉框图表选项的折线图即可生成周销售额变动情况折线图。

（3）退货统计

● **导出退货表**

效果展示：2021年1月1—27日的订单退货统计表，如图9-22所示。

点击“服务”可以查看店铺昨日、近7日、近30日、本周、本月的核心数据，如评价率、好评率、差评率、评价数、好评数、差评数等，以及近7日、近30日的数据趋势，如图9-23所示。

● **退货数据处理**

时间维度效果展示：图9-24为退货量退货金额函数统计与数据透视表统计效果对比图。

方法一：利用函数计算周退货数量及金额。

步骤1：新建子表格。新建一个名为“退货统计-时间维度”的子工作表，并输入周次，退货量，退货金额等相关统计信息；

退货订单号	商品编号	商品名称	订购日期	退货数量	退货时间	退款金额	周次
cba-004	was	商品was	2021/1/6	2	2021/1/13	16	第一周
zxy-0026	edc	商品edc	2021/1/18	1	2021/1/25	9	第三周
cab-005	szx	商品szx	2021/1/6	3	2021/1/15	21	第一周
bad-0015	sew	商品sew	2021/1/9	3	2021/1/16	24	第二周
bax-0031	iuj	商品iuj	2021/1/18	8	2021/1/25	72	第三周
bay-0032	thy	商品thy	2021/1/18	5	2021/1/27	50	第三周
yab-0033	tgh	商品tgh	2021/1/18	5	2021/1/28	45	第三周
zab-0037	hnm	商品hnm	2021/1/25	5	2021/2/2	100	第四周
sab-0039	hgf	商品hgf	2021/1/25	2	2021/2/4	72	第四周
bda-0016	awq	商品awq	2021/1/9	1	2021/1/16	29	第二周
qba-0042	okl	商品okl	2021/1/25	2	2021/2/3	18	第四周
cad-0017	swe	商品swe	2021/1/9	1	2021/1/18	25	第二周
cda-0018	ser	商品ser	2021/1/9	1	2021/1/18	6	第二周
bac-006	dxc	商品dxc	2021/1/6	1	2021/1/14	29	第一周
aby-0028	qaz	商品qaz	2021/1/18	8	2021/1/26	72	第三周
abz-0029	yhj	商品yhj	2021/1/18	8	2021/1/26	160	第三周
abd-007	esd	商品esd	2021/1/6	1	2021/1/13	9	第一周
adb-008	rdf	商品rdf	2021/1/6	5	2021/1/13	40	第一周
bad-009	tfg	商品tfg	2021/1/6	1	2021/1/14	29	第一周
dac-0019	sdr	商品sdr	2021/1/9	5	2021/1/16	45	第二周
zba-0038	jbn	商品jbn	2021/1/25	2	2021/2/2	18	第四周
dca-0020	rty	商品rty	2021/1/9	5	2021/1/16	45	第二周
xyz-0021	rfg	商品rfg	2021/1/9	5	2021/1/16	45	第二周

退货订单 +

图9-22　订单退货统计表效果图

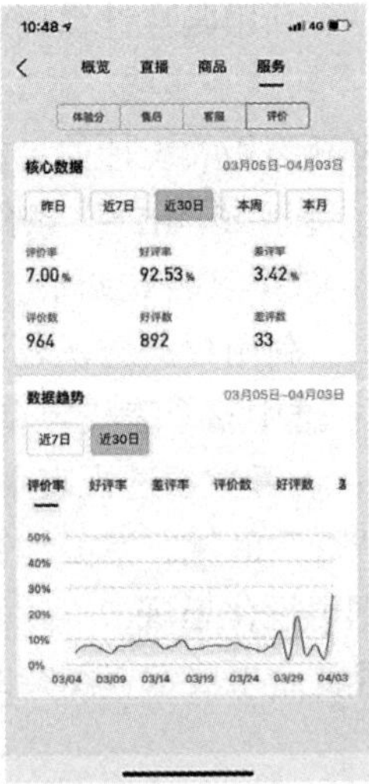

图9-23　某店铺近30日的服务相关数据

周退货统计表-时间维度		
周次	退货量	退款金额
第一周	80	4678
第二周	96	5208
第三周	58	3568
第四周	56	3489
总计	290	16943

行标签	求和项:退货量	求和项:退款金额
第二周	96	5208
第三周	58	3568
第四周	56	3489
第一周	80	4678
总计	290	16943
总计	580	33886

图9-24　时间维度退货统计效果对比图

步骤2：利用SUM函数和SUMIF函数求和周期内退货量与退货金额；

步骤3：数据表格式调整。

方法二：利用数据透视表计算周退货数量及金额。

步骤1：插入数据透视表；

步骤2：设置数据透视表字段。字段名称勾选“数量”“退款金额”及“周次”，将字段“周次”放入“行”区域，字段“退款金额”与“数量”放入“值”区域进行自动求和。

- **数据可视化呈现**

时间维度效果展示：图9-25为周退货量与退货金额变动趋势折线图。

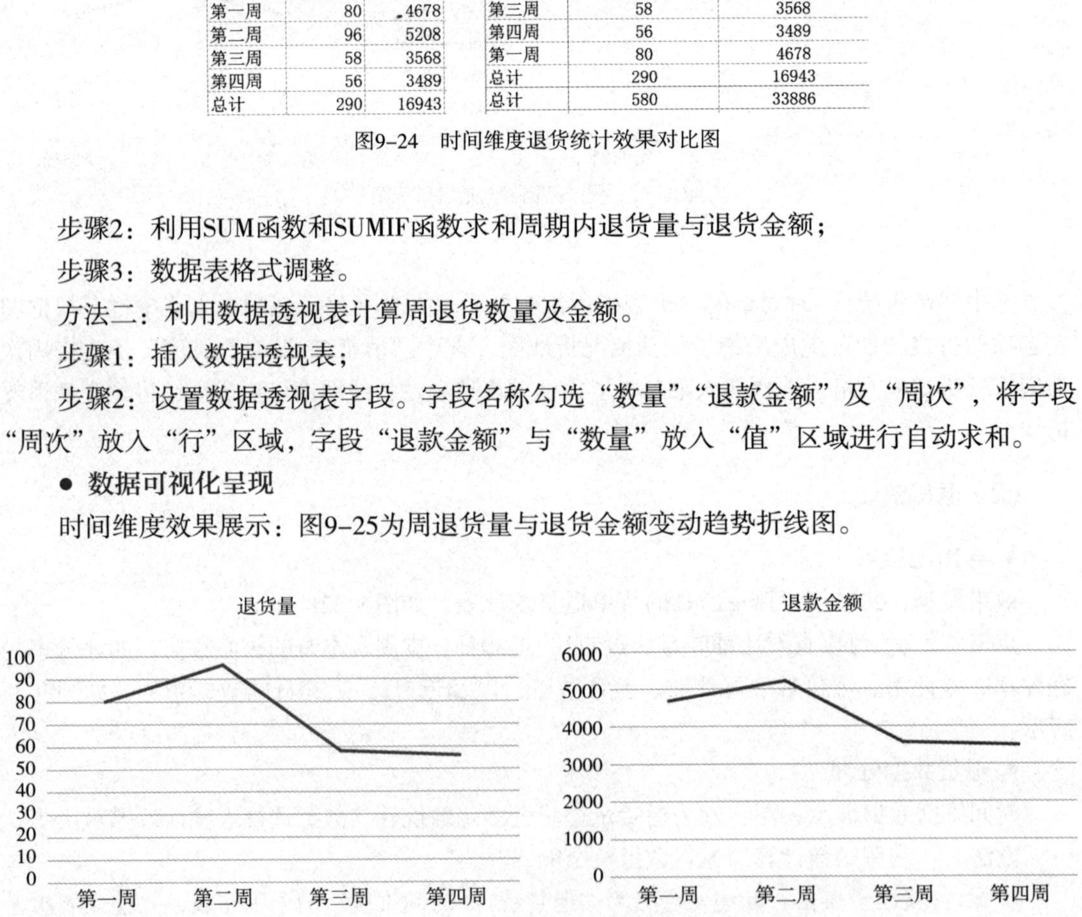

图9-25　周退货量与退货金额变动趋势折线图

选中“销售统计-产品维度”子表格周次与退货量所在单元格，选中插入菜单栏下拉框图表选项的折线图即可生成周退货量变动情况折线图。选中“退货统计-时间维度”子表格周次与退货金额所在单元格，选择插入菜单栏下拉框图表选项的折线图即可生成周退款金额变动情况折线图。

（4）退货原因分析

● 利用Excel记录退货理由

从直播电商销售商品过程中出现的问题来看，宣传与质量会成为消费者退货乃至投诉的重点。直播电商创造了一个又一个销售神话，以至于有很多商家把直播电商当成了救命稻草，觉得只要抓住了直播电商，就抓住了希望。然而，并不是每一根稻草都可以救命，与销量神话如影随形的是居高不下的退货率，如表9-1所示。

表9-1　退货统计表

商品编号	直播场次	退货数量	销售数量	退货率	退货理由记录
rdf					
thy					
dxc					
ser					
awq					
hnm					
tgh					
okl					
swe					

● 归纳退货原因

①直播夸大宣传。主播相当于超级导购，带货数量决定了直播的收入水平，因此促使主播通过夸大宣传来提高产品销量。主播对产品并不了解，头部主播们即使建立了多达百人的团队负责选品，产品问题依然存在，其他网红更是没有充足精力参与选品并了解产品。

②商家产品缺陷。一旦对产品不满意，消费者第一时间肯定要找平台和主播，但是对于主播来说，能否按时发货，发给粉丝的货品质量其实并不由自己控制，主播只能在选品和产品折扣上有决定权，对于商家后期履约能力的约束其实并不高。

③消费者冲动消费。直播购物是一种冲动型消费，都是在特定的场景刺激下的消费，很少有人能把持得住，等下单后归于平静，退货就随之而来。

直播带货所面对的是下沉市场，面对的消费群体也是价格敏感型用户，他们的诉求往往会更多。当他们花3个小时看直播，想用18元钱买下一件T恤的时候，他们本身对T恤的质量要求并没有降低，这其实是矛盾的。当收到货后发现实物与期望不同的时候会产生一种落差，这种落差将让他们决定退货。

参考文献

[1] 孙祥和．创意营销学［M］．杭州：浙江大学出版社，2019.

[2] 程镔，沈雪龙．网络营销实用教程［M］．3版．北京：中国人民大学出版社，2019.

[3] 陈孟建，许益亮．网络营销与策划［M］．北京：中国人民大学出版社，2020.

[4] 谢导．互联网营销：理念的颠覆与蜕变［M］．北京：机械工业出版社，2015.

[5] 李国建．移动互联网营销：企业快速转型与升级秘笈［M］．北京：机械工业出版社，2014.